特別支援教育サポートBOOKS

通級
指導教室

発達障害のある子への「自立活動」指導アイデア111

Part2

喜多 好一 編著

JN028088

明治図書

まえがき

　本書は，2019年度に発行した『通級指導教室　発達障害のある子への「自立活動」指導アイデア110』（以下，『アイデア110』）のパート２の位置付けとなります。

　前回，『アイデア110』を発行後，購入された通級指導教室並びに特別支援学級の先生方から，「自立活動の指導で大変参考になっています」「自立活動の区分と項目に合う指導がよく分かりました」等，好意的な声をいただきました。『アイデア110』が，自立活動の指導に携わる先生方の役に立ったことをとてもうれしく感じました。

　『アイデア110』を企画した際，次のようなコンセプトをもって執筆に当たりました。

・指導すべき課題から選定できた区分や項目に合う，実践のアイデアをたくさん提供することで，特別支援教育の経験が少ない先生方の自立活動の指導への抵抗感をなくすこと。

・自立活動の指導内容を一覧表にまとめて提示することで，すでに自立活動の指導経験のある先生方にとって，これまでの実践が自立活動のどの区分や項目に位置付けられているかが一目で分かるようにすること。

　本書でも，前回のコンセプトを踏襲しながら，明日からすぐに実践できる新たな指導のアイデアを紹介しています。今回の表題を『通級指導教室　発達障害のある子への「自立活動」指導アイデア111』にし，発達障害に係る自立活動の区分項目を網羅する指導アイデアを111事例，集めました。できるだけ，前回の『アイデア110』の事例と重ならないよう配慮しましたので，皆様の自立活動の指導の引き出しを増やすことに寄与できるのではないかと思っています。

　現在，全国の特別支援学級や通級指導教室を設置している学校の校長先生から，「これまで実践してきた自立活動の指導を見直し，さらなる充実に向けて研究や研修を重ねている」との声が多く寄せられています。この背景には，改訂された小学校と中学校の学習指導要領総則に，特別支援学級の教育課程について従前からある「特別の教育課程を編成すること」に加えて，新たに「自立活動を取り入れること」と明記されたことにあると推察されます。

　自立活動は，歴史的に旧称「養護・訓練」の時代から特別支援学校での扱いが主でありましたが，特別支援教育がスタートしたことで，発達障害等への指導に広く用いることが必要となりました。その結果，指導内容の区分に「人間関係の形成」を新たに設け，特別支援学級や通級指導教室で扱うようになった経緯があります。しかしながら，自立活動の名称に変わったことで，特別支援学級や通級指導教室の担当教員が自立活動の指導に関して，全員が自信をもってできているとは言えない現状があります。

　自立活動の指導をするためには，子供のアセスメントから始まり，指導する目標，内容を自立活動の６区分27項目に当てはめ，それぞれを関連付け，なおかつ，指導目標を達成するため

の教材・教具を創意工夫して用意する一連の過程を理解し，指導できなければなりません。いわゆる「流れ図」と言われる自立活動の指導計画の作成手順で確実に行うには，自立活動への深い理解と経験値，実践力が備わった教員でなければ容易ではないと思います。

　全国特別支援学級・通級指導教室設置学校長協会が2020年度，自立活動に係る全国調査を小・中学校「通級指導教室」を対象に行ったところ，次のような結果でした。

　自立活動を「踏まえている」「やや踏まえている」担当教員の割合＝60.4%

　自立活動の指導を充実させるための今後の課題＝「専門性の向上」と思う割合＝83.1%

　この結果からも，今後，通級指導教室担当教員には，通級による指導における自立活動の重要性を認識した上で，自立活動の目的や意義，さらには指導計画の作成プロセスである「流れ図」を正しく理解して，個に応じた適切な指導ができる力を身に付けることが求められていることが分かります。

　2021年1月に文部科学省の「新しい時代の特別支援教育の在り方に関する有識者会議」の報告が示されました。その報告に記された方針の1つに，「特別支援学級，通級による指導を担当する教師に求められる専門性」として，次の6つが記載されています。

①通常の教育課程に基づく指導の専門性を基盤として，実際に指導に当たる上で必要な，
　特別な教育課程の編成方法
②個別の教育支援計画と個別の指導計画の作成方法
③障害の特性等に応じた指導方法
④自立活動を実践する力
⑤障害のある児童生徒の保護者支援の方法
⑥関係者間との連携の方法等に関する専門性の習得

　ここで特筆すべきは，求められる専門性に「自立活動を実践する力」が位置付けられていることです。文部科学省が自立活動の指導をこれまで以上に重視していることがうかがえます。

　自立活動を巡る現状や国の報告からも，特別支援教育に関わるすべての教員は，経験の有無にかかわらず自立活動に係る指導力を高めていかなければなりません。しかし，一朝一夕に身に付くものではないことは明らかです。

　ここで，ぜひ，本書さらには『アイデア110』により自立活動の区分項目ごとに記した実践を追試していただきながら，「自立活動の指導は難しい，不安だ」と感じている先生方の意識を，少しでも好転できるきっかけになればと期待しています。

編著者　喜多　好一

CONTENTS

第1章 「自立活動」の指導のつくり方

第2章 「自立活動」の指導実践 111

健康の保持

心理的な安定

人間関係の形成

他者とのかかわりの基礎

他者の意図や感情の理解

自己の理解と行動の調整

集団への参加の基礎

環境の把握

感覚や認知の特性についての理解と対応

感覚の補助及び代行手段の活用

感覚を総合的に活用した周囲の状況についての把握と状況に応じた行動

認知や行動の手掛かりとなる概念の形成

身体の動き

姿勢と運動・動作の基本的技能

日常生活に必要な基本動作

作業に必要な動作と円滑な遂行

コミュニケーション

コミュニケーションの基礎的能力

言語の受容と表出

言語の形成と活用

コミュニケーション手段の選択と活用

状況に応じたコミュニケーション

第1章

「自立活動」の指導のつくり方

1 自立活動の目標と教育過程上の位置付け

▌自立活動の目標について

　自立活動の目標は，特別支援学校幼稚部教育要領，小・中学部，高等部学習指導要領（以下，特別支援学校学習指導要領とする）に，次のように記されている。

> 　個々の幼児児童生徒が自立を目指し，障害による学習上又は生活上の困難を主体的に改善・克服するために必要な知識，技能，態度及び習慣を養い，もって心身の調和的発達の基盤を培う。

　この目標を理解する上でのポイントは，「障害による学習上又は生活上の困難」を改善・克服することである。障害のある人々を取り巻く社会環境や障害についての考え方の変化があり，障害そのものを改善・克服するのではないことを意味している。

▌自立活動の教育課程上の位置付け

　改訂された小学校と中学校の学習指導要領総則には，特別支援学級の教育課程について従前からある「特別の教育課程を編成すること」に加えて，新たに「自立活動を取り入れること」と明記された。さらに，通級による指導（以下，通級指導教室）の自立活動については，小学校と中学校の学習指導要領総則の「特別の教育課程を編成する場合」の記載に，「特別支援学校小学部・中学部学習指導要領第7章に示す自立活動の内容を参考とし，具体的な目標や内容を定め，指導を行うものとする」と記された。

　通級指導教室の指導が「自立活動の内容を参考とし」とあるため，特別支援学級の「自立活動を取り入れる」と比較して，強制力が弱い印象を受ける。その背景には，自立活動の6区分の指導内容すべてが，通級指導教室で扱う自立活動の指導内容ではないことが起因しているのである。しかしながら，通級指導教室の指導は，「障害による学習上又は生活上の困難の改善又は克服を目的とする指導」であり，自立活動の目標そのものであることから，自立活動の指導をすべての時間で扱わなければならない。このことが，通級指導教室の担当教員に対して，自立活動の意義を理解した上で，区分や項目の目標を達成するための指導力が求められている所以である。

2 自立活動の指導内容の決定プロセス

自立活動の指導をするために，実態把握から具体的な指導内容の設定までのプロセスを，いわゆる「流れ図」として示している。

学部・学年	
障害の種類・程度や状態等	
事例の概要	

実態把握

① 障害の状態，発達や経験の程度，興味・関心,学習や生活の中で見られる長所やよさ,課題等について情報収集

②-1 収集した情報（①）を自立活動の区分に即して整理する段階

健康の保持	心理的な安定	人間関係の形成	環境の把握	身体の動き	コミュニケーション

②-2 収集した情報（①）を学習上又は生活上の困難や，これまでの学習状況の視点から整理する段階

※ 各項目の末尾に（ ）を付けて②-1における自立活動の区分を示している（以下，図15まで同じ。）。

②-3 収集した情報（①）を○○年後の姿の観点から整理する段階

※ 各項目の末尾に（ ）を付けて②-1における自立活動の区分を示している（以下，図15まで同じ。）。

指導すべき課題の整理

③ ①をもとに②-1,②-2,②-3で整理した情報から課題を抽出する段階

④ ③で整理した課題同士がどのように関連しているかを整理し，中心的な課題を導き出す段階

⑤ ④に基づき設定した指導目標（ねらい）を記す段階

課題同士の関係を整理する中で今指導すべき指導目標として

⑥ ⑤を達成するために必要な項目を選定する段階

指導目標（ねらい）を達成するために必要な項目の選定	健康の保持	心理的な安定	人間関係の形成	環境の把握	身体の動き	コミュニケーション

項目間の関連付け

⑦ 項目と項目を関連付ける際のポイント

⑧ 具体的な指導内容を設定する段階

選定した項目を関連付けて具体的な指導内容を設定	ア	イ	ウ	…

図2 実態把握から具体的な指導内容を設定するまでの流れの例（流れ図）

（『特別支援学校学習指導要領解説　自立活動編』より）

3 発達障害のある子どもの 自立活動の内容

▌学習指導要領での区分と項目

特別支援学校学習指導要領には，自立活動の内容が6つの区分に分類・整理され，それぞれの区分の下に3〜5項目，計27項目が示されている（今回の改訂で，区分「1　健康の保持」の項目に「(4)障害の特性の理解と生活環境の調整に関すること」が追加された）。

表　特別支援学校小学部・中学部学習指導要領　第7章　自立活動（平成29年4月）

区分	項目
1 健康の保持	(1) 生活のリズムや生活習慣の形成に関すること。 (2) 病気の状態の理解と生活管理に関すること。 (3) 身体各部の状態の理解と養護に関すること。 (4) 障害の特性の理解と生活環境の調整に関すること。 (5) 健康状態の維持・改善に関すること。
2 心理的な安定	(1) 情緒の安定に関すること。 (2) 状況の理解と変化への対応に関すること。 (3) 障害による学習上又は生活上の困難を改善・克服する意欲に関すること。
3 人間関係の形成	(1) 他者とのかかわりの基礎に関すること。 (2) 他者の意図や感情の理解に関すること。 (3) 自己の理解と行動の調整に関すること。 (4) 集団への参加の基礎に関すること。
4 環境の把握	(1) 保有する感覚の活用に関すること。 (2) 感覚や認知の特性についての理解と対応に関すること。 (3) 感覚の補助及び代行手段の活用に関すること。 (4) 感覚を総合的に活用した周囲の状況についての把握と状況に応じた行動に関すること。 (5) 認知や行動の手掛かりとなる概念の形成に関すること。
5 身体の動き	(1) 姿勢と運動・動作の基本的技能に関すること。 (2) 姿勢保持と運動・動作の補助的手段の活用に関すること。 (3) 日常生活に必要な基本動作に関すること。 (4) 身体の移動能力に関すること。 (5) 作業に必要な動作と円滑な遂行に関すること。
6 コミュニケーション	(1) コミュニケーションの基礎的能力に関すること。 (2) 言語の受容と表出に関すること。 (3) 言語の形成と活用に関すること。 (4) コミュニケーション手段の選択と活用に関すること。 (5) 状況に応じたコミュニケーションに関すること。

※網掛けがされている項目が発達障害に関わる項目

本書では，発達障害を対象とした通級指導教室での自立活動の指導内容を扱うことから，この表のように，自閉症，ADHD，LD の子供への指導すべき課題が当てはまるであろう22項目に絞って事例を紹介している。

▌本書巻末資料「発達障害のある子への自立活動一覧表」

　本書の巻末にある「発達障害のある子への自立活動一覧表」には，6区分22項目ごとに，「主に発達障害に関するねらい」「主な目標例」「主な指導内容・方法，配慮事項」さらには，特別支援学校学習指導要領「自立活動編」に記された発達障害の特性からの考えられる事例をコンパクトにまとめている。その上で，区分項目ごとに実践事例を参照できるようにした。

　特別支援学校学習指導要領「自立活動編」には，区分ごとに13の事例が記載してあるが，そのうち，3事例は発達障害を対象とした事例である。その中で，特に ADHD の小学校第3学年児童の事例，高機能自閉症の小学校第5学年児童の事例は，本書と合わせて参考にできる。

（※巻末 pp.136～139を参照）

▌自立活動の内容の取扱い

　自立活動の内容の取扱いについては，特別支援学校学習指導要領「自立活動編」には，次のように記されている。

　　各教科等のようにそのすべてを取り扱うものではなく，個々の幼児児童生徒の実態に応じて必要な項目を選定して取り扱うものである。

　このことは，個々の障害の状態や特性等により設定した個別の指導目標や内容を踏まえて，自立活動の6区分27項目から適切に指導すべき要素を選定することを意味している。このことから，6区分27項目の中から，どれか1つを選定するケースもあるが，多くはいくつかの区分を関連付けて，指導目標を決定していくことになる。

　ただし，本書では，いくつかの指導目標・内容とする区分項目を網羅して指導事例を紹介するのではなく，関連する中で特に重点とする区分項目に絞って，指導事例を当てはめているので，ご留意いただきたい。本書の指導事例は，他の区分項目のねらいも加味されていることをご理解の上，参考にしていただきたい。

4 自立活動の指導の実際

▌発達障害のある子供の実態把握（アセスメント）の方法について

　自立活動の計画を立てる際，最も重視しなければならないのが実態把握（アセスメント）である。アセスメントの方法には，以下の方法があると言われている。

①直接，当該の子供やその保護者，関係者から情報収集する。
②生活や学習の様子を観察して記録をする。
③標準化された発達検査の結果を参考にする。
④学習や生活に関わるチェックリストを活用して課題を抽出する。

　これらの方法を用いて，行動の背景を探り，障害の特性に起因するものを見立てるのが一般的である。
　通級指導教室対象の子供の障害特性を導き出す際は，次のような手順で行うとよい。
　小学校2年生A児のアセスメントを通して説明をする。

①情報収集

　A児の生育歴を見ると，幼稚園で掃除が始まると登園しぶりが始まり，やりたくないことはやらない，やらされると泣き叫べば許される経験を誤学習してきたことが分かった。
　小学1年生の際には，体育の授業のかけっこで負けそうになって，急に止まり，活動に参加しなくなったことがあった。運動会の練習も参加していない。

②A児の問題となる様子の記録

・鬼ごっこをしているときにタッチをされて興奮して暴れた。
・じゃんけんで負けて，相手に物を投げたり，蹴ったりした。

③ WISC-Ⅳの結果

　ワーキングメモリー指標が平均以下であった。

④「社会性・行動のチェックリスト」の結果

　各自治体などで作成している「社会性・行動のチェックリスト」や「読み・書きチェックリスト」などチェックリストを活用して課題を明確にすることができる。

（例・東京都教育委員会作成→ p.130～）

　A児の困難さは，活動への不安や負けることへの不安から固執性の強さがあること，コミュニケーション能力の低さも加わり衝動性が抑えられないこと，気持ちのコントロールができないことなどが見立てられた。

▌「指導すべき課題」の選定について

　このことからＡ児の自立活動の指導区分は，活動への不安を取り除くため「2　心理的な安定（1)情緒の安定」と定めて，指導すべき課題を「情緒の安定を図ることが困難な幼児児童生徒が，安定した情緒の下で生活をすること」とした。また，関連する区分項目は，3-(3)「自己の理解と行動の調整」，6-(2)「言語の受容と表出」であり，その項目のねらいも加味した。

▌「指導目標」の決定

　具体的な指導目標は，「様々な感情を伝える手段を覚える」「勝ち負けの経験を意図的にする」「事前に失敗を受け入れるための方法を考える」「負けた場合の自分の気持ちとの折り合いを付ける」等として，勝敗のあるゲームやアンガーマネジメントの学習を取り入れて改善を図る。※本書では，2-(1)の実践事例を参照したい。

　また，通級指導教室においては，在籍学級での適応を図ることが目的の１つであることから，これらの指導目標に加えて，在籍学級で自身の障害をコントロールしたり，自己調整したりできることも目標となるので留意したい。

▌自立活動の授業のポイント

　通級指導教室での指導は，原則，個別指導がメインとなるが，通級する子供が複数いて，それぞれの自立活動のねらいとする区分が同じであれば，小集団による指導が行われる場合がある。その際は，新しい学習指導要領に示された「主体的・対話的で深い学び」を促す授業改善を心がけることが肝要である。

　自立活動の授業のポイントをp.14の表にまとめているが，最も大切にしたいのは，授業の全体のめあての提示と共に，個々のめあてを子供と共に設定，板書等により視覚化して確認をすること，さらには，そのめあての達成度を振り返りの段階で確実に確認することである。自立活動の時間の授業は，一見しただけでは何の授業なのか分からないことが多く，参観した教員や保護者に誤解を与えてしまうことになりかねない。そうならないよう，個々のめあてを板書して提示することは重要である。

表　通級指導教室における自立活動の授業（小集団）のポイント

□導入
・あいさつ（聴き方と姿勢，持ち物）
・既習内容の確認
・知的好奇心を高める課題提示
□展開
・単元全体のめあての確認，板書
・個々の重点とする自立活動のめあての板書（当該児童と確認）
・具体的な学習活動の説明（端的，視覚的）
・個々の活動（1人で考える，チャレンジする）
　※小集団指導の場合は，意図的なグルーピングをする
　※困難な場合は，教師が手本を示す
・個に応じた具体的な指導や支援の明確化
　※ TT の役割分担（誰が，どの子に，何を，どのように支援するのか）
　※小さな成長を見逃さない即時評価と指導の一体化
　※教師は，常に受容的な態度で接する
　※子供の多様な変化に対応して支援する
・自分の考えを深め，広げる他の子供との対話等での交流
・学習の成果を発表する場の設定
　※画像，動画，マイク等の活用
□学習のまとめ・振り返り
　※個々の自立活動のめあての達成度について自己評価する
　※友達同士の相互評価
　※（複数）教師による評価
□次時への期待を高める工夫

＊その他，基礎的環境整備として，刺激物の排除，ICT の準備（大型モニタ，タブレット，等）等の学習環境を整えておくとよい。

▌評価のポイント

　特別支援学校学習指導要領「自立活動編」には，自立活動は，指導目標や指導内容について個別に設定されていることから，計画の妥当性について検討する評価の観点を必要としている。特別支援教室での自立活動の指導の評価については，個々のねらいに関して，在籍学級の生活や学習において，自身をコントロールしながら調整し，適応が図れたことを評価とする。特別支援教室で授業がうまくいったとしても，在籍学級での般化が図られなければ本当に達成できたとは言えない。また指導の効果を適切かつ多面的に判断するためには，在籍学級の担任，特別支援教育コーディネーター，保護者，必要に応じて，外部の専門家と連携をとって，評価していくことも大切である。

第2章

「自立活動」の指導実践111

I お天気と相談

準備 温度計，湿度計，風速計，気温と服の目安表（季節ごと），ワークシート

時間 5〜10分　　**形態** 個別

■ねらい

気温に合わせて適切に衣服の選択ができる。

■指導の流れ

①温度計で今日の気温を確認する。

・室温でよい。天気予報の天気と最高気温，風速を確認する。

②気温と服の目安表で，適切な服装を確認する。

・その際，体感温度を表す言葉（寒い・肌寒い，過ごしやすい，暑い，など）も合わせて取り上げ，言葉として感覚を認識できるようにする。

③自分の服装が適切であるかどうか，評価する。

・調整が必要であった場合は，自分の考えを振り返り，調整が必要だった点を記入しておく。

ワークシートの例

・体感温度には個人差があるため，本人の話をよく聞き，周囲に理解してもらう必要がある場合は，そのときの適切な伝え方についても確認する。

　例 「私は少し暑がりなので，このくらいがちょうどよいのです」

・汗をかいたら「暑い」ということだから，服を脱いだり，水を飲んだりする必要があること，身体がふるえたり，鳥肌が立ったりしていたら「寒い」ということだから服を着る，など身体の様子と言葉，対処法についても目安表を見ながら視覚的に確認していく。

■指導のポイント

◇目安表は，「3　人間関係の形成 (3)自己の理解と行動の調整」と関連させ，子供と一緒に作成するとよい。触覚の過敏さがある場合は，風の強さも考慮できるよう風速計を用意し，風速が何 m 以上であると苦手に感じるのかを確認し，目安表にも盛り込む。

◇気温に合わない服装をしていたときの健康面への影響については，時間をとって確認をする。また，そのとき活用した資料は毎回確認できるよう手元に置いておく。

◇実際の自分の服の方がイメージしやすい子供は，よく着る服の写真を撮っておき活用する。

◇家庭用の目安表も用意し，学習したことが家庭でも生かせるようにする。

〈指導助言〉作業療法士　石井早苗
〈参考〉「服装と気温の関係」au 天気

2 生活を見直そう

準備 ワークシート（書字が難しい場合は PowerPoint などを活用）

時間 20分　　　　　　　　　　**形態** 個別

■ねらい

スケジュールを立てて行動する力を付けることができる。

■指導の流れ

①帰宅後の家庭での過ごし方で子供が問題であると感じていることを確認する。

例 「ゲームを始めるとやめられなくて，宿題が終わらなくなり，寝るのが遅くなっちゃう」

②必ずしなければならないことと，かかる時間をワークシートに書き出す。

③理想的なスケジュールをタイムテーブルに書き入れていく。

④現在の帰宅後の過ごし方を，タイムテーブルに書き起こす。

⑤作成した表を見て自分の帰宅後の過ごし方を振り返り，気付いたこと，問題点を話し合う。

例 「寝る時間が遅すぎる」「ゲームの時間が長すぎる」「どうしてもだらだらしちゃう」

⑥理想的なスケジュールで行動できるよう，問題となっていることに対する対策を考える。

例 「だらだらしている時間が長いから，帰ったらまず，机の上に宿題を出すといいかも」
「テレビがついていると気が散るから，テレビがない部屋で勉強しよう」

⑦生活を振り返って気付いたこと，考えたことについて振り返る。

⑧次回の個別指導の際，理想的なスケジュールがうまくいったか振り返ることを伝える。

■指導のポイント

◇子供自身が帰宅後の過ごし方に課題があると感じている場合に実施するとよい。

◇やってみて少しでもよくなればよく，難しかったところはスケジュールを見直し，より実現可能なものにしていくとよいことを伝えておく。

◇なぜうまくいったか／いかなかったかを振り返ることを通して，自己の特性の理解を深め，必要な支援を求めたり，環境調整したりする力を

◇生活を見直そう　　　　　　　　　　　／		
やることリスト		
やること	かかる時間	実際にかかった時間
起きる		
朝食		
支度		
登校		
学校で勉強		
下校		
宿題		
夕食		
お風呂		
リラックスタイム		
歯みがき		
寝る		

ワークシート例

付けることができるよう「1 健康の保持（4)障害の特性の理解と生活環境の調整」と，関連付けて指導するとよい。

◇前段階として，個別指導の課題に取り組む順番を自分で考えることなどから始めるとよい。中学に向けてスケジュール管理の力が付けられるよう段階を追って指導していく。

〈参考文献〉高山恵子著『やる気スイッチを ON！実行機能をアップする37のワーク』合同出版

ＩＣＴ

1 健康の保持

2 心理的な安定

3 人間関係の形成

4 環境の把握

5 身体の動き

6 コミュニケーション

3 がんばりカード&ごほうび活動

準備 がんばりカード，シール，スタンプ

時間 10分 **形態** 個別

■ねらい

忘れ物を減らすこと等を達成し，学習に意欲的に臨む基盤をつくることができる。

■指導の流れ

①少しの努力で達成可能な目標（項目）を相談して決める。

②保護者，担任教員に「がんばりカード」の趣旨，協力方法を説明する。

③「がんばりカード」を担任教員にチェックしてもらうことと，週末に保護者に見せることを子供に確認する。

④通級指導教室に来たときに1週間のがんばりを振り返らせる。

⑤目標が達成できていたら，指導時間の最後に「ごほうび活動」ができる時間を設ける。

⑥次週の目標（項目）やポイント数を相談して決める。

■指導のポイント

◇自分の課題を意識することが難しい子供には，保護者や担任教員と相談した目標（項目）をいくつか伝え，選択させる。「○○をしない」ではなく，「○○を減らす」「○○を□回にする」等，肯定的な表現や具体的な数値を示した目標にするよう心がける。

◇初期段階では，目標（項目）やポイント数の設定を子供の実態に合わせて易しいレベルにし，まずは達成できた経験を積ませる。この活動に慣れてきたら，少しずつレベルを上げていく。

◇保護者のコメントを子供に読ませたり，知らせたりすることで，次への活力とするとよい。

◇「ごほうび活動」は子供1人でできることでもよいが，学期末などには担任教員も参加できる内容や時間を設定すると，より子供のやる気につながる。

◇がんばりカードには，子供の好きなもののイラストを付けると効果的である。

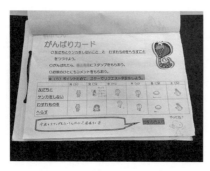 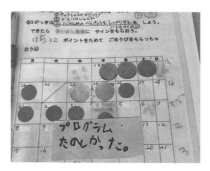

がんばりカード

4 私の説明書

準備 タブレット（Chromebook），Google フォーム，スライド

時間 60分　　　　　　　　　　　　　**形態** 個別・集団

■ねらい

「私の説明書」の作成を通して，自分のよいところや苦手なことを知り，自己理解を深めることができる。また，「私の説明書」をもとに，自分のことを友達に伝えることができる。

■指導の流れ

① Google フォームで作成した自分に関するアンケートに答える。

　アンケート項目　**例**「自分の思い通りにいかないとき」「気持ちや考えを伝える場面で」

　　　　　　　　　　　「困ったことがあったとき」「周りと合わせなければいけない場面で」

②アンケートの結果を見て，自分のよいところや苦手なこと，課題となることを整理してワークシートに簡単にまとめる。

③②でまとめた内容を，スライドに記入し「私の説明書」を作る。

　写真や絵を入れたり，順番や配置を工夫したりする。

④作成した「私の説明書」をスライドショーで映しながら，自分のことをみんなに発表する。

■指導のポイント

◇ Google フォームによるアンケートや「私の説明書」のスライドの型は，事前に教師が子供の実態や対象学年を踏まえて作成しておく。

◇教師は子供の個別の指導計画を念頭に置き，子供の今年度の目標や課題が明確になるように助言や指導を行う。

◇自分の課題や目標を友達と共有した後に，解決策について友達からアドバイスをもらう時間を設定するのもよい。

思い通りにいかないとき
自分の思ったとおりでなくても気持ちを切り替える

質問
□みんなが知っていて，自分が知らないことがあっても知っているふりはしない。
□自分の苦手なことはやりたくないけどやる。
□授業の中でわからない問題が出てきてもあきらめずにやる。

Google フォームによるアンケート

いいところ

①まわりに相談できるところ

②決まったことはもんくを言わずにやること

③ありがとう・ごめんねをきちんと言えること

「私の説明書」スライド例

ICT

1 健康の保持

2 心理的な安定

3 人間関係の形成

4 環境の把握

5 身体の動き

6 コミュニケーション

5 体幹トレーニングサーキット

準備 サーキットカード，バランス訓練ペダロ，バランスカプセル（ジャイアントトップ），巧技台，平均台，トランポリン，シール

時間 20分　　　**形態** 集団

■ねらい

　体幹を鍛えたり，バランス感覚を養ったりし，様々な運動をするために必要な基本的な動きを身に付けることができる。

■指導の流れ

①初回に，教員が見本を示して各運動機器の安全な扱い方を説明する。

②サーキットカードの「活動内容とポイント」を確認し，それぞれの活動のめあてを伝える。

③子供の実態にもよるが，1つの運動機器に取り組む時間は5分以内とし，各運動機器を順番に回って運動に取り組む。1つの活動が終わったら，シールを貼る。

④各運動機器の担当教員に，始める前には「お願いします」，タイマーが鳴ったら「ありがとうございました」とあいさつをする約束を伝える。

⑤活動のまとめとして，子供自身ががんばったことを発表し，リーダーの教員からもそれぞれの子供のがんばりを具体的に伝えて振り返りを行う。

■指導のポイント

◇子供の人数が4人の場合，4つ以上の運動機器を準備し，待つ時間をなくすよう工夫する。

◇体幹，バランス感覚を養うことがねらいのサーキット形式の運動であるため，恐怖感や苦手意識を抱かせないようにすることが大切である。

◇サーキットカードにシールを貼ることや教員からの励ましのコメントで，次回のやる気につなげる。

バランスカプセル

ペダロ

サーキットカード

6 「果樹園ゲーム」

準備 「果樹園ゲーム」(HABA)，ルール表

時間 20分 　　　　　　　　　　　　**形態** 集団

▌ねらい

　周囲の言動に注目する力，自分の思いを伝える力，周囲の意見を受け入れる力，勝ち負けを受け入れる力を身に付けることができる。

▌指導の流れ

①ルールの確認をする。

・サイコロを振り，出た目の色に応じた果物を1つずつ収穫する。バスケットの目が出たら，好きな果物を4つ収穫する。カラスの目が出たら，カラスのパズルを1つ乗せる。

・カラスのパズルが完成する前に，すべての果物を収穫できたら人間チームの勝ちとなる。

・複数の果物を収穫する際には，人間チームの中で相談をして収穫するものを決める。

②ゲームをプレイする（1プレイが終わったら，もしくは時間になったら終了する）。

③振り返りを行う。

▌指導のポイント

◇本来のゲームのルールは個人戦だが，ねらいに即してルールをアレンジしてチーム戦としている。これにより，意見を伝えたり受け入れられたりする経験を積んだり，チームとしての一体感を感じて勝敗を受け入れやすい環境をつくったりできるようにしている。

◇プレイヤーには，少なくとも1人は教員が参加し，周囲への意見の伝え方や思い通りにならなかったときの対処法などの手本を示す。

◇開始前に終了時刻を予告しておき，さらに終了直前に「あと2周で終わりです」などと予告することで，見通しをもって活動できるようにする。

◇子供の実態に応じ，勝敗のあるゲームであること，負けたり思い通りにならなかったりしたときの対処法について，事前に確認しておく。

◇振り返りでは，子供のよい姿を教員が価値付けることで，望ましい姿を理解できるようにする。

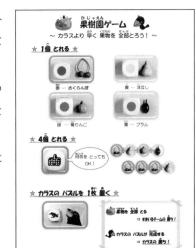

視覚的な手掛かり「ルール表」

◇めあてを「話し合って作戦を立てること」にすると，「6 コミュニケーション (5)状況に応じたコミュニケーション」と関連付けることができる。

〈教材〉「果樹園ゲーム」(HABA)

ICT

1 健康の保持

2 心理的な安定

3 人間関係の形成

4 環境の把握

5 身体の動き

6 コミュニケーション

7 指令すごろく

準備 すごろく台紙，指令カード，サイコロ，コマ，サイコロを転がすエリア設定，待つ場所の設定，タイマー

時間 15〜40分 **形態** 集団

■ねらい

指令すごろくのルールを守り，落ち着いて参加することができる。

指令を実行する際には，自分なりに工夫することができる。

■指導の流れ

①全体のめあて「順番やルールを守って活動する」と，各自個別のめあて（例「分からないときには手を挙げて質問する」「指令カードの指令が難しいと感じるときには，助けを求める」など）を確認する。

②ルールと方法を確認する。

・順番を決め，自分の順番になったら，所定の位置でサイコロを振る。

・サイコロの目の数だけ，自分のコマを進める。

・指令のマスに止まったら，教員から提示された指令カードを1枚引き，書かれた指令を読み，従う。

・サイコロを所定の位置に戻して自分の席に戻る。

・時間になったら，ゴールまで到達していなくても終わり，続きは次回行う（集団の実態に応じて最後まで行う場合もあり。そのときは，指令のマスが3つ程度のすごろくを作成するとよい）。

指令カード例

③指令すごろくをする。

④時計やタイマーの合図で終わる。

⑤活動の振り返りをする。めあてをどのくらい達成できたか，また，達成できなかった場合，次回どうすれば達成できるか，全体または個別で具体的に振り返る。

■指導のポイント

◇すごろくは手段で指令が主目的なので，指令の場所に必ず止まるすごろくを作成する。

◇指令カードの指令は，集団の実態，学年，ねらいに応じて作成する。今回は「2 心理的な安定」のねらいを主としたが，「3 人間関係の形成」「5 身体の動き」「6 コミュニケーション」としても取り組める。

◇子供の実態に応じて，サイコロの投げ方や指令カードの選択数，すごろくを床で行うかホワイトボードに貼って行うか，ゴールするまで行うか（時間の調整要）などの配慮を考える。

8 「わかる国語　読み書きのツボ」
（NHK for School）

準備 ワークシート，タブレット，テレビ（視聴するための画面）

時間 25〜45分　　　　　　**形態** 個別・集団

■ねらい

文章表現の仕方を確認し，自信をもって表現しようとすることができる。

■指導の流れ

①全体のめあて（毎回のツボに関連するめあて：例　説明の順序を考えよう）と，各自個別の
　めあてを確認する。

②NHK for School 「わかる国語　読み書きのツボ」を視聴する。

③ワークシートに取り組み，視聴内容を確認する。

④それぞれの解答や意見を交換する。

⑤ワークシートのオリジナル問題に取り組む。

⑥授業のまとめをし，めあてについて振り返る。

■指導のポイント

◇「わかる国語　読み書きのツボ」は5，6年生対象で全20回分視聴できる。子供の実態に応
　じて，抽出して視聴するのもよい。ここでは，6年生が卒業文集を書く時期を考慮し，週1
　回，授業時間の半分程度を使い，全回数視聴した。

◇番組は1回15分。クイズを一緒に考える際に止めたり，子供の意見を伝え合ったりする時間
　を入れると，25〜45分すべて使う場合もある。子供の実態に応じて，内容と時間を調整する。

◇ワークシートは最初から配付
　しておく場合もあれば，途中，
　視聴者が一緒に考えるところ
　で配付する場合もある。指導
　者は前もって視聴し，ワーク
　シートを作成しておく。

◇「⑶障害による学習上又は生
　活上の困難を改善・克服する
　意欲」のねらいと併せて学習
　できる。

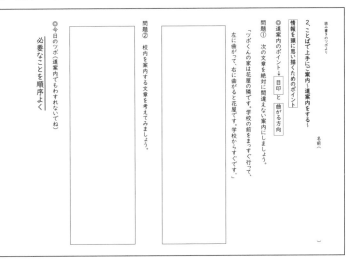

ワークシート例

〈教材〉「わかる国語　読み書きのツボ」（NHK for School）

ICT

1 健康の保持

2 心理的な安定

3 人間関係の形成

4 環境の把握

5 身体の動き

6 コミュニケーション

9 スイッチ言葉

準備 なし

時間 20分

形態 集団

ICT

1 健康の保持

2 心理的な安定

3 人間関係の形成

4 環境の把握

5 身体の動き

6 コミュニケーション

■ねらい

気持ちを切り替える言葉(「スイッチ言葉」)を覚えることで,思い通りにいかないときやゲームで負けたときに感情を上手にコントロールすることができる。

■指導の流れ

①遊びやゲームでうまくいかなかったり,負けたりしたときにどのような気持ちになるかを考える。

> 例 「ムカつく」「悲しい」「いやだ」「いらいらする」「もうやりたくない」「悔しい」

②①のような気持ちになったときに,気持ちをリセットするための言葉(「スイッチ言葉」)があることを知る。

③「スイッチ言葉」について考える。

> 例 「まあいっか」「次がんばろう」「次勝てればいいや」「仕方ない」「今日は運が悪かったな」「そういうときもある」

④ゲームやロールプレイを通して,「スイッチ言葉」を使う練習をする。

・低学年は,「ぼうずめくり(No.14)」「空き缶タワーゲーム(No.15)」(『「自立活動」指導アイデア110』参照)を通して,「スイッチ言葉」を使う練習をする。

・高学年は,自分の思い通りにいかない場面のロールプレイを通して「スイッチ言葉」を心の中で唱える練習をする。

■指導のポイント

◇ゲームや遊びを行うときには,毎回「スイッチ言葉」を提示し,気持ちをスムーズに切り替えられたときは褒める。

◇在籍の学級で体育の授業やお楽しみ会を行うときにも,学級担任に「スイッチ言葉」を提示してもらうとよい。

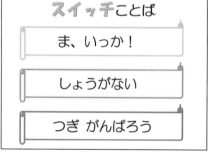

スイッチ言葉

10 ぼくの，わたしのすきなもの

準備 いらなくなった様々なジャンルの雑誌（旅行，グルメ，エンタメ，ファッション，ゲーム，アニメ等），画用紙，はさみ，のり，カラーペン

時間 30分　　　　　　　　　　　　**形態** 集団

■ねらい

自分の好きなことややりたいことを幅広く見つけ，発表することができる。

■指導の流れ

①好きなものや好きなことを見つける目的を伝え，おおよその予定を確認する。

②「好き」の気持ちの大きさにも0〜5まであることを指導して，今回はたくさんの種類の好きなものを見つけたいので，好きのレベルが低いものでも選ぶことを確認する。

③項目ごとに，好きなものや興味があるものを考える。

　例 食べ物，遊び，ゲーム，テレビやアニメ，場所，人やキャラクター

④雑誌で写真を探して切り抜き，画用紙に貼り付け，コラージュを作成する。

⑤完成したコラージュを発表する。

■指導のポイント

◇好きなものや興味が限定的な場合が多いが，将来の余暇活動やストレス解消のことを考えると，興味の幅を広げて楽しいと感じたりリラックスしたりできる事柄が増えることが望ましい。子供には，この活動の意義を伝えておくことが大切である。

◇好きかそうでないかの二択になり，「○○以外は好きなことはない」という考えになりやすい。事前に「好き」な気持ちも含めて，感情の理解を促すための指導が必要となる。また，感情の大きさについても具体的な指標を示すとよい。

◇事前に，保護者から子供の好きなことや興味をもっていることを聞いておくとよい。

◇雑誌をめくって探していく過程で，事前に思いつかなかったものにも目が留まり視野を広げるきっかけとなるため，雑誌から写真を選ぶことは大事にしたい。

◇友達や先生の発表を聞いて，共感したり新しく情報を得たりすることができるように，聞くポイントを示す。

コラージュの資料

コラージュ

ICT

1 健康の保持

2 心理的な安定

3 人間関係の形成

4 環境の把握

5 身体の動き

6 コミュニケーション

11 お話ジェンガ

準備 ジェンガ，質問カード

時間 10分　　　　　　　　　　**形態** 小集団（個別）

▌ねらい

　カードの質問に答えることを通して，自分の好きな事柄や思いを周りに伝え情緒の安定を図ることができる。

▌指導の流れ

①全体ないし個々のねらいを確認する。

②「ジェンガ」のルールを説明する。

③机を囲み，丸く座る。

④真ん中にジェンガを置き，順番にジェンガの棒を１本ずつ引いて，上に重ねて置いていく。

⑤成功したら質問カードをめくり（あるいはサイコロを投げ）質問に答える。

　例 がんばりたいことは何ですか？　好きな虫は何ですか？　行ってみたいところはどこですか？

⑥ジェンガがくずれるまでやるか，あるいは時間を決め（タイマーをかけるなどして）繰り返し行っていく。

⑦活動を振り返る。

▌指導のポイント

◇ゲーム性が強い活動なので，普段面と向かって友達と関われない子供でも質問カードの内容に気軽に答えることができるため，教師が間に入り会話を広げていくことがしやすい。

◇ジェンガのゲームなのでくずれてしまうことがあるが，勝敗は重要ではないことを伝えておくとよい。

◇勝敗にこだわる場合の対処の仕方を事前に指導しておき，約束をするとよい。

ジェンガの活動をしている様子

質問カード（サイコロ）

12 頭・身体シャッキリサーキット

準備 トランポリン，マット，ロールマット，跳び箱，スクーターボード，ウレタンマット，ケンステップ（またはスポットマーカー），幅広のビニールテープ

時間 25分　　**形態** 個別・集団

■ねらい

　必要としている感覚が得られる運動を通して，成功体験を積み，生活しやすい身体づくりをし，情緒の安定を図ることができる。

■指導の流れ

①準備体操をした後，設置図と分担表を見て，安全に気を付けて遊具を設置する。

②サーキットの実施方法の説明（デモンストレーション）をし，サーキットを実施する。

【サーキットの設置例①】〈力加減が苦手で雑な行動が多く落ち着かない子供の場合〉

　トランポリンを跳ぶ→目印に着地→両足跳び／ケンケン→高い跳び箱よじ登り→マットの目印に飛び下り→ロールマット倒し→ロールマットのトンネルくぐり→ロールマット起こし→スクーターボード（腹ばいで乗り両手でこぐ）

【サーキットの設置例②】〈バランスを崩しやすく不安が高く情緒不安定になる子供の場合〉

　トランポリンを跳ぶ（子供の両手を握るなど，必要に応じて身体を支える）→目印に着地→グーパー跳び→橋渡り（床に幅広のテープを貼りその上を歩く。継ぎ足歩行，後ろ歩きなど。床での活動から徐々に平均台など，空間での活動に発展させていく）→スクーターボード（腹ばいで乗り手こぎで進む。その後壁を蹴って進む。手は前に伸ばす）→片膝立ち30秒

③片付けをし，整理運動を行う。その後実施した感想を話し合う。

■指導のポイント

◇実態に合わせて活動の内容は調整し，「できた！」で終われるよう，2周行うとよい。

◇サーキット①で興奮が高まったときは，落ち着く活動として床に座って行う静的な活動を入れるとよい。

　例 背中に数字を書いて当てる，手で探って積み木の形を当てる，等

◇実施中は，子供が自分の身体の動きに注意が向くよう指導者からの声かけは少なくし，安全管理をしながら子供の様子を観察する。小さなチャレンジやうまくいったときは声をかけて褒める。危険な行動は制止し，適切な方法について想起させる。

　例 「どうするんだっけ」

パワー系の設置イメージ

〈指導助言〉作業療法士　石井早苗

13 「キャプテン・リノ」

準備 「キャプテン・リノ：巨大版」（すごろくや）

時間 15分　　　　　　　　**形態** 集団

■ねらい

状況に合わせて，自分の気持ちをコントロールできる。

■指導の流れ

①カードで崩さないように高層マンションを築くという「キャプテン・リノ」ゲームのルール
　を説明する。

・何階建ての建物を作るか，目標を相談する。

・カードを置く順番を決める。

・交代で，1人が壁カードを置き，その上に屋根カードを乗せる。

・屋根カードにある指示は次の人が行う。

・決めた高さまで建物を作ることができたらクリア。

②起こりうることを考えさせ，そのときの対処法を決める。

※子供の対処法例

・カードを置くのが難しくて緊張する場合は，深呼吸をして，気持ちを整える。

・かなり揺れていて，自分の番で崩れないか不安になったら，パスをしていいか申し出る。

・崩してしまったら「ごめんね」と言う，崩れてしまった場合は励ましの言葉をかける。

③「キャプテン・リノ」ゲームをする。

④振り返りをする。

■指導のポイント

◇どのように行動したらいいか自分で決めることができ
　るように，行動を具体的に例示する。

◇事前に声をかけたり，起きそうなことを予告したりし，
　状況を捉えさせ，決めた方法を実践できるようにする。

◇目標を達成したら，全員で写真を撮るなどして，達成
　感を感じられるようにする。

◇崩れるものであるため，崩れたという結果ではなく，
　自分たちができたこと，がんばれたことに注目して振
　り返るよう声かけをする。

◇目標の階数や屋根カードのルールなどを変更し，難易
　度を調整する。

```
楽しくゲームをするための言葉
①上手だね。
②だいじょうぶだよ。
③次，がんばろうよ。
※子供から出た言葉を使います。
```

```
きんちょうしたときに
①時間がかかりそうなときは，
　友達に「まってください」と言う。
②しんこきゅうをして息を整える。
③体を軽く動かす（肩や腕を回すなど）。
```

掲示例

〈教材〉Steven Strumpf・Scott Frisco 作「キャプテン・リノ：巨大版」（すごろくや）

ICT

1 健康の保持

2 心理的な安定

3 人間関係の形成

4 環境の把握

5 身体の動き

6 コミュニケーション

14 ねことねずみ

準備 スズランテープ（2色），ビニールテープ，タイマー

時間 10分　　　　　　　　　　　**形態** 小集団

■ねらい

合図をよく聞き，場面に応じて柔軟に対応する力を身に付けることができる。

■指導の流れ

①ルールを確認し，イメージをつかませるため，教師が手本を見せる。

・2人1組になり，ねこ役とねずみ役を決める。

・腰にタグ（スズランテープ）のしっぽを付けて，スタートライン（2本のライン）に向かい合って立ち，スタートの準備（合図をよく聞く準備）をする。

・指導者の「ね，ね，ね，ねこ！（ねずみ！）」の合図で，ねこ（ねずみ）役はねずみ（ねこ）役を追いかける。ねずみ（ねこ）役はしっぽを取られないように後方のラインまで逃げる。

・取ったしっぽは，相手に「どうぞ」と言って返し，取られた人は「ありがとう」と言ってしっぽを受け取る。

②活動後，勝敗がつくことの確認をする。

・勝ち（しっぽを取る／逃げ切る）…威張ったり，自慢したりしない。

・負け（しっぽを取られる／逃げられる）…怒ったり，泣いたりしない。

配置図

③「ねことねずみ」の活動を行う。

・1セット1〜2分の時間設定で，タイマーが鳴るまで繰り返し行う。

④活動を振り返る。

・勝敗の受け止め方や活動のよかったところを指導者が伝える。

■指導のポイント

◇安全上，十分な場所の確保と床や地面の状態を確認しておく。相手との距離感やタグを取る際の力加減など事前に指導すると共に，「相手を押さない」「蛇行しながら走らない」「後ろ向きで走らない」など，接触や衝突，転倒のないよう注意する。

◇合図を正しく聞き取り，動けたことを価値付け，認めていく。

◇活動にメリハリをもたせるために，「ねこ」と「ねずみ」以外の言葉も織り交ぜて行い，注意力の維持を図る。 例 「ね，ね，ね，ねんど！」

◇スタートの体勢を体育座りやうつ伏せに変形させる，「ねことねずみ」だけでなく「サケとサメ」にするなど，実態に応じて工夫してもよい。

15 安全転がしドッジボール

準備 ドッジボールのコート，ボール1〜3個（大きい方がよい），ホワイトボード，タイマー

時間 20分　　　　　　　　　　　　　　**形態** 集団

■ねらい

自分の達成できそうな目標を立て，達成することで自己肯定感を高めることができる。

自分がどの程度までならできるのか（できないのか）を知ることで，そのときの状況に合わせて行動を変化させることができる。

■指導の流れ

①準備運動をしてから，ルール説明をする。

②子供は全員，枠（ドッジボールのコート）の中に入り，ボールを転がすのは教師とする。審判（ボールに当たった数を数える）も教師が行う。

③子供はそれぞれ達成できそうな目標として，自分がボールに当たってもよい回数を決める。

　例　教師「Aさんは，5回までボールに当たってもセーフという目標を立てました」

　　　教師「Bさんは，10回まで当たってもセーフ，Cさんは100回ですね」

④目標を板書して，共有できるようにする。

⑤転がしドッジボールの1回戦から3回戦を各3分ずつ行う。

⑥毎回，子供は当たった数の自己申告を行い板書し，目標が達成できたかどうか自己判断する。自己申告制なので，多少の数の違いは指摘しない。結果はみんなで共有する。

　例　教師「Aさんは，当たったのが3回と発表がありました。なのでセーフ！」

⑦目標回数が達成できても，できなくても，目標を修正できることを伝える。当たってもよい回数が，はじめに立てた目標と大きく違いがある子供には，回数の修正を促す。

⑧1回戦目はボール1個から始め，ボールを2個，3個と増やしていくと，子供が目標の立て方を工夫する活動になる。

■指導のポイント

◇時間的，身体的，精神的にどのくらいまでなら自分の許容範囲なのか，自分で知ることが大切である。自己申告した「当たってもよい回数」と，実際に当たった回数との差を縮められたことを評価する。

◇大きいボール（バランスボール等）の方が2個3個と増えても確認しやすく，教師が子供にボールを当てる回数を調整できる。

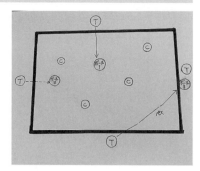

安全転がしドッジボールのコート（例）

ICT

1 健康の保持

2 心理的な安定

3 人間関係の形成

4 環境の把握

5 身体の動き

6 コミュニケーション

16 星人鬼

準備 なし（必要に応じて，ポーズのイラスト）

時間 10分　　　　　**形態** 集団（6人以上）

■ねらい

変化する状況を理解して受け入れることができる。

■指導の流れ

①ゲームの説明とめあての確認をする。

> **例**「今から，『あたま星人』『おなか星人』『おしり星人』に分かれます。そして，違う星人同士でジャンケンします。負けたら相手の星人に変身します。全員が同じ星人になったら終わりです。今からやって見せるので見ていてください」

②楽しくゲームを行うために大事なことを指導する。

何星人が残るかは偶然である・負けたら相手のポーズに変わる・たくさんジャンケンして，いろいろな星人に変身できるとよい・後出しにならないようタイミングを合わせる

③集団を「あたま星人」「おなか星人」「おしり星人」の3つに分ける。

④ゲームを開始する。全員が同じ星人になったら指導者は終わりの合図をする。

⑤活動後，振り返りをする。ルールを守ったから楽しくできたこと，どんどん変化することや予測できないことの楽しさなどが子供の言葉で共有できるようにするとよい。

■指導のポイント

◇グループの決め方は，指導者が指定する・相談する・くじ引きなど実態に合わせて選択する。

◇勝ち負けにこだわらず変化を楽しめるよう，指導者はたくさんジャンケンをし，たくさん変化したことに注目して価値付けていく。→「Aさんは，自分からどんどんジャンケンできたね！」

各星人のポーズ

◇慣れてきたら時間を計りより短い時間で同じになるようにする・○回以上ジャンケンをするように言うなど，負荷をかける。

◇1回でなく，複数回行うとよい。今日は○回行う，と予告しておくと区切りが付きやすい。

◇星人のポーズは，友達と相談する形にすると，「6　コミュニケーション (2)言語の受容と表出」の内容とも関連させて指導ができる。

〈参考文献〉プロジェクトアドベンチャージャパン監修，諸澄敏之編著『みんなのPA系ゲーム243』杏林書院

17 ぴったんばらばら

準備 ミニホワイトボード（人数分），お題カード

時間 20分 形態 集団

■ねらい

自分の考えと他者の考えは違うことがあるということに気付くことができる。

他者の考えや一般常識を考えて自分の考えを調整しようとすることができる。

■指導の流れ

①活動の概要を説明する。

例 「これから，みなさんにあるお題を出します。例えば，『赤くて丸いくだもの』というようにです。みなさんは，何を思いつきますか。『りんご』『サクランボ』など，いろいろ考えられますね。しかし，お題の前に『ぴったん』と言われたら，他の人の答えと同じになるように書かなくてはなりません。また，『ばらばら』と言われたときは，同じ答えにならないように考えて答えをホワイトボードに書きます。なかなか難しいですが，やってみましょう」

②活動で大事な心構えについて指導する。

・全員の答えが揃うこと，バラバラになることはとても難しく，なかなか成功しないこと。

・成功するためには，お題に合わせて自分の考えにこだわらずに切り替えることが大事。

・成功しなくても相手を責めず，なぜ違う答えになったか考えを聞くことが大事。

③ゲームをする。「ぴったん」「ばらばら」のどちらかを伝えた後，お題を提示する。

④全員が書き終えたら指導者は，書いた答えをみんなに見えるように提示するよう合図を出す。

⑤結果を見て，なぜそう考えたか，などについて話し合う。

⑥お題を変えて，再度行う。

⑦振り返りを行う。行ってみて感じたこと，気付いたことなどを共有する。

■指導のポイント

◇集団でのかかわりに慣れ，子供同士の関係が育ってきた頃に実施するとよい。

◇活動の際に大事なマナー（話の聞き方・自分の考えの伝え方）などについては，事前に学習しておき，掲示して確認できるようにする。

◇最初は，心理的な抵抗を減らすため，答えが一致しやすいお題にするとよい。

例 ぴったん 〈黄色くて細長いくだもの〉 など

◇指導者は，うまくいかなかったときに，なぜそう考えたのかに関心を示して見せることで，子供が，考えには訳があること，理由が分かると納得できることがあること，違う考えを知ることで自分の視野が広がることの面白さに気付けるようにしたい。

18 場面探偵

準備 ワークシート，場面に必要な小道具

時間 20分　　　　　　　　形態 集団

■ ねらい

場面の情報を集める観点を知ることができる。集めた情報から状況や相手についての理解を深め，自分がどのように行動すればよいか考えることができる。

■ 指導の流れ

①全体のねらい「場面探偵になって，情報をたくさん集めよう！」を確認する。

②ねらいを達成するためのポイントを確認する。ポイント→集める情報 「表情」「時間」「会話の内容・様子」「言葉」「原因」

③教員のロールプレイを見る。

例 「仲良しの友達Aと苦手な友達B」
中休み，Aが廊下に落とした消しゴムをBが拾った。消しゴムはAが大切にしているもの。中休みが終わってチャイムが鳴る頃，Bが教室に入ってきた。Bは手にAの消しゴムを持っている。Bは次の授業の準備を忘れていて，先生が来たら怒られると思って慌てて着席した。それを見ていた僕（C）は…。

ワークシート①分析する

④ポイントに沿って，場面の情報を集め，ワークシートに書き込んでいく。

⑤登場人物AとB，それぞれの気持ちを考えて，ワークシートに記入する。

⑥僕（C）が自分なら，どのような言葉をかけるかを考えて，ワークシートに記入する。

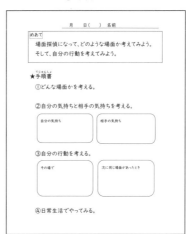

ワークシート②自分の行動を考える

⑦教員のロールプレイを見る（子供が考えた言葉を教員がロールプレイする）。

■ 指導のポイント

◇場面については，子供の特性上衝動的に動いてしまうような場面を設定する。

◇考えたことを，教員が具現化することで，客観的に自分の行動を見られるようにする。

19 クエスト！

（準備）場面に必要な小道具，ホワイトボード（人数分），音響（アプリ）

（時間）20分　　　　　　　　　　　　　　　　（形態）集団

■ねらい

　日常生活に起こりうる困る場面について，どのように周りに助けを求めればよいかを考え発表することができる。友達同士発表を聞き合い，よりよい方法を考えることができる。

■指導の流れ

①全体のねらいを確認する。

②困りそうな場面のロールプレイを見る。

　例　・担任の先生から，「手紙を職員室に取りにいってほしい」と言われた。お手紙ボックスを見ると，１人では持ちきれないたくさんの手紙が入っていた。

　　　・授業中，指示を聞き逃して何をしたらいいのか分からなくなってしまった。

　　　・さっきまで使っていた消しゴムが見当たらない。ノートが消せない。

③どうやってピンチを乗り切るか解決方法を考える。ホワイトボードに記入する。

　・誰に言う？　・どう行動する？　・どんな風に言う？

④解決方法をロールプレイする。再現は教員でも子供でもどちらでもよい。

⑤安全な方法，自分も周りの人もにっこりする方法で解決できたときは，アプリのレベルアップの効果音を鳴らす。危険な方法，誰かが嫌な気持ちになる方法だったときは，アプリのハズレの効果音を鳴らす。友達の発表も聞いて，よかったことは自分の行動にもつなげていけるようにする。

⑥ねらいの振り返りを行う。

■指導のポイント

◇取り上げる場面は子供が日常生活において，困りそうな場面を取り上げる。

◇本時の前に課題解決を遊びとして取り上げる活動をしておくと，日常生活の課題解決という活動にも抵抗が少なく取り組むことができる。

◇効果音を取り入れるとゲーム感覚で楽しんで取り組むことができる（効果音アプリ（Tomohiro Ohwada）がおすすめ）。→

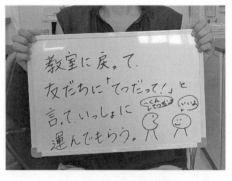

一人一人が自分の考えを
ホワイトボードに書いて発表する

20 自分に合った漢字学習見つけ

準備 漢字学習に関する書籍，漢字学習用アプリ，「マルチメディアデイジー教科書」※要申請

時間 45分　　　　　　　**形態** 個別

■ねらい

漢字の習得について，目標を設定し自分に合った学習方法を見つけることができる。

■指導の流れ

①漢字テストの結果やアセスメントから，間違えの傾向や漢字の習得レベルを知る。

②支援者と相談しながら，漢字に対する目標を設定する。

> **例** 文中の漢字を読むことができる。選択肢の中から，正しい漢字を選ぶことができる。
>
> 10問テストで60点が取れるようにする。学年に関係なく書ける漢字を増やしたい。

③目標に合わせて学習方法を選びその方法を知る。

個別指導と自宅学習において一定期間その方法で学習する。

・語呂合わせで覚える。「唱えて覚える漢字九九シート」「となえておぼえる漢字の本」

・細かい部分に着目させる。「〈漢字〉支援ワーク」（たりないのはどこ・漢字たしざん）

・漢字の意味やイメージから覚える。「漢字イラストカード」で熟語づくり。

・漢字の成り立ちや部首から覚える。「漢字がたのしくなる本」「漢字カルタ」「部首カルタ」

・漢字の読みのルールから覚える。「漢字がたのしくなる本」「形声文字カルタ」

・読めない，書けない漢字を，アプリやインターネット，音声教科書で調べる方法を知る。

④2，3か月後，習得状況を振り返り学習方法を見直したり，他の方法を試したりする。

■指導のポイント

◇ WISC-Ⅳ等の心理検査や STRAW-R，URAWSS Ⅱ，WAVES 等を実施し，支援者がアセスメントに基づいて，つまずきの背景や得意な面を把握する必要がある。

◇漢字の学習はすぐに成果が出るものではないので，子供本人の手応えや感じ方を聞き取りながら，成長している部分や努力を認めて励まし，継続して取り組めるようにする。

◇将来にも生かせるように，ICT 等を利用して自分で対処できる力を付けるようにしたい。

〈教材〉竹田契一監修・村井敏宏著『読み書きが苦手な子どもへの〈漢字〉支援ワーク』明治図書，大阪医科大学 LDセンター協力『改訂版　特別支援の漢字教材　唱えて覚える漢字九九シート』（初級／中級／上級）学研，山田充著『漢字イラストカード』各学年（2・3年は上下別）かもがわ出版，下村昇著『下村式　となえておぼえる漢字の本』（小学校各学年別）偕成社，宮下久夫ほか作『新版 101漢字カルタ』太郎次郎社エディタス，宮下久夫ほか著『漢字がたのしくなる本　ワーク』太郎次郎社エディタス，宮下久夫ほか著『新版 98部首カルタ』太郎次郎社エディタス，宮下久夫ほか作『108形声文字カルタ』太郎次郎社エディタス，iPad アプリ「常用漢字筆順辞典」（NOWPRODUCTION, CO., LTD），iPad アプリ「漢字読み方手書き検索辞典」（Flipout LLC），HP「漢字ペディア」〈https://www.kanjipedia.jp〉

ICT

1 健康の保持

2 心理的な安定

3 人間関係の形成

4 環境の把握

5 身体の動き

6 コミュニケーション

21 タブレットで漢字学習

準備 タブレット（ICT機器），マルチメディアデイジー教科書，各種アプリ

時間 10分　　　　　　　　　　　　　**形態** 個別

■ねらい

ICT等の教具を用い，学び方を工夫することができる。

■指導の流れ

①個別のめあてを児童と共に確認する。

②在籍学級で扱っている国語の教科書のデイジー教科書版をタブレット端末から開く。

③在籍学級の国語の授業で扱っている文章を読み上げ機能による音声で聞く。

④教科書の中の読めない言葉，あるいは意味の分からない漢字を読み上げて確認する。

⑤タブレットに入っている常用漢字や筆順辞典のアプリを開き，文字の一部分を真似して指で書く。

※漢字がいくつも出てくるので，その中から探している漢字を選び，その漢字の読み方や書き順を学ぶ。

■指導のポイント

◇漢字が読めない，書けない識字障害（LD）のある子供にとって，辞書を引くことは抵抗感がある。しかしタブレット端末で文字の一部分を入力していくことで，知りたい漢字を選んだり，読み方を知ったりすることができるため，学習意欲を保つことができる。

◇デイジー教科書（音声読み上げ機能）は本人，保護者・担任・校長・特別支援教室担任等，読み書きに困難のある子供に関わっている人の誰もが申請することができる（オンラインあるいは郵送にて申請）。

デイジー教科書の読み上げ画面

アプリを使っての漢字練習

〈教材〉アプリ「小学生手書き漢字ドリル1026　はんぷく学習シリーズ」（学校ネット㈱）

22 虫食い作文

準備 作文プリント,「100てんキッズ　お話づくり絵カード」(株)幻冬舎

時間 10分 　　　　　　　　　　　**形態** 個別

■ねらい

簡単な文章を書くことで,作文を書き表すことに慣れることができる。

■指導の流れ

①個別のめあてを教師と共に確認する。

②課題となる短作文の内容を伝える。

③簡単な言葉を書き入れるだけで文章になる「虫食い短作文プリント」を用意する。

④「虫食い」に当てはまる言葉を考えて書くことを指示する。

⑤言葉が思い浮かばない場合は,教師が書いた例文を見本として紹介する。

⑥完成した作文を読んだり,ノートに書き写したりする。

⑦課題と似た内容を想起させ,1人で短作文を書く。

■指導のポイント

◇書くことに抵抗のある子供が対象であるため,子供の日常にありそうな場面を課題として書く意欲を高めるとよい。

◇最初は短い文で言葉を一言二言入れるクイズのようにチャレンジさせ,慣れてきたら文章を少しずつ長くしていくのも効果的である。

◇作文を書くことをねらいとするのであれば,タブレット端末を活用して,文字入力,あるいは音声入力機能で自分の考えを文章にする経験を積むと,書くことへの意欲付けになる。

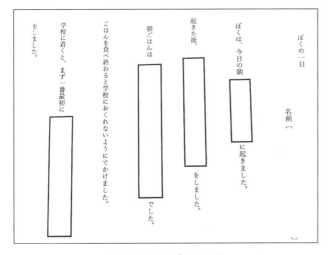

虫食い作文のプリント例

短作文を作る際に使った教材
「100てんキッズ　お話づくり絵カード」
著：久野泰可（幼児教育実践研究所 こぐま会代表）
(株)幻冬舎

ICT

1 健康の保持

2 心理的な安定

3 人間関係の形成

4 環境の把握

5 身体の動き

6 コミュニケーション

23 マッキーノ！で言葉ビンゴ

準備 ルール表，イラスト・言葉一覧，書き込み用カード，くじ引き用言葉カード，得点表

時間 15分　　　　　　　　　**形態** 個別

■ねらい

楽しみながら物の名前を読んだり書いたりする中で，文字の読み書きができる。

■指導の流れ

①ルールを説明する。

・「イラストカード」「言葉カード」一覧から好きなものを9個選び，その名前を書き込み用カードに文字で書く。

・くじ引きカードを引き，書かれている言葉を読み上げる。

・読み上げられた言葉が書き込み用カードにあったら，印を付ける。

・くじを9枚引いたら終了。得点を計算する。

②ゲームに取り組む。

③振り返りを行う。

■指導のポイント

◇子供の実態に応じ，特殊音節が含まれるものやカタカナ語，当該学年の漢字を使用したものなど，題材を工夫する。また，子供の興味があるものや生活用品等を織り込むことも，関心を高める上で効果的である。

◇子供が言葉を書いたり読んだりしているときは，必要に応じて支援を行う。正しく言葉を読み書きすることが目的なので，間違いがあった場合には，その場で指導をする。

◇「早マッキーノ賞」「ゼロマッキーノ賞」などを取り入れることで，得点を取ることだけに固執せず，楽しみながら取り組めるような工夫をする。

◇継続的に取り組むことで習熟を図り，達成感を味わえるようにする。

◇ビンゴの要素やくじを引けるのが9枚までという制限があるため，同じ題材を用いても毎回取り上げられる言葉が異なり，反復練習のようにならずに取り組めるという利点がある。

◇得点表に記録を積み重ねていくことで，「次は勝ちたい」「記録を伸ばしたい」と前向きに学習に取り組むことができる。

「マッキーノ」くじ引きカード
（特殊音節が含まれる語バージョン）

マッキーノ 一覧表《パート1》		
おんどく	きょうかしょ	たのしい
よぞら	のはら	おそわる
こうえん	がようし	きこえる
きいろ	とまる	よわい

9個の言葉を選ぶ（漢字表記バージョン）

マッキーノ

漢字に直してマスの中に書く（漢字表記バージョン）

【マッキーノのルール】
①表の中から9個の言葉を選ぶ。
②選んだ言葉を漢字に直してマスの中に書く。
③くじを引いて出た言葉に〇をつける。
④くじを9枚引いたらゲーム終了。

【約束】
★一列揃ったら「マッキーノ!」と言う。

【マッキーノ賞】
①究極マッキーノ賞……3枚だけでマッキーノができる。
②早マッキーノ賞……一番先にマッキーノができる。
③オールマッキーノ賞……全部のマスに〇がつく。
④ゼロマッキーノ賞……一列もマッキーノができない。

「マッキーノ」のルール表
印が付いた言葉の数と賞の数との合計が得点となる

＊牧野英一氏が考案された学習ゲームを参考にした。

24 トータス
～10たす～

(準備) 数字が書かれた紙コップ（または，トータスメダル（福永紙工ネットショップ「かみぐ」）），タイマー

(時間) 10分 　　　　　　　　　　　(形態) 小集団

■ねらい

　短期記憶力や注意力，集中力を身に付けることができる。

　運の要素が関わる活動を通して，成功や失敗，勝敗を受け止める力や気持ちを切り替える力を身に付けることができる。

■指導の流れ

①全体のめあてや個別のめあてを確認する。

②「トータス」のルールを確認する。

・紙コップを裏返し，書かれている数字を足して10を作る。

・10になるまで紙コップを裏返し，10を超えたら元の場所に戻す。

・ぴったり10にすることができたら裏返した分の紙コップをもらう。

・決められた活動時間になるか，10になる組み合わせにならなくなったら終了。

・紙コップを一番多く持っている人が勝ち。

③勝敗の受け止め方を指導する。

・勝った人は威張ったり，自慢したりしない。

・負けた人は怒ったり，泣いたりしない。

④紙コップをバラバラに並べ，活動を行う。

⑤全体のめあてや個別のめあての振り返りを行う。

市販されているトータス

■指導のポイント

◇相手が裏返した紙コップの数字と場所を一つ一つ確認して行う。

◇10にすることができた友達を認める言動があったら称賛する。

◇ペアを組み，チーム戦で活動を行ってもよい。

紙コップを使用したトータスの様子

25 9文字ことばづくり

準備 ワークシート，文字チップ

時間 10～15分　　　　　　　　　**形態** 個別

■ねらい

習得したひらがなやカタカナを使って言葉を作ることができる。

■指導の流れ

①3×3マスの中に書かれた9個のひらがな（カタカナ）を読むことができるか，対応する文字チップを提示して確認する。

②言葉づくりの仕方を説明する（状況によって文字チップを操作し，1つ作ってみせる）。

　例「書いてある文字を使って言葉づくりをします。『もも』のように同じ文字を何回使ってもよいです。『゛』や『゜』を付けてもよいです。できたらワークシートに書きます」

③文字チップを操作して言葉づくりをする。

・書字が難しく，読みに慣れることをねらいとする子供の場合は，指導者が代筆する。

④できた言葉を読んで確認する。

⑤学習の取り組みを振り返る。指導者からは，子供のよかったところを伝える。

■指導のポイント

◇組み合わせて言葉を作りやすい9文字を選ぶようにする。

◇言葉を思い出すことが難しい子供には，ワークシートにイラストを載せたり，言葉でヒントを出したりして支援する。

　例「赤くて丸い野菜が作れるよ」

◇文字の読みに慣れてきたら，文字チップを使わず頭の中で考えられるようにしていく。

◇作った言葉の意味を言葉で説明させると，言葉で表現する力を付ける活動になる。

◇作った言葉の中から1つ選び，なぞなぞを作って他者に出題して当ててもらうことで，「6 コミュニケーション (2)言語の受容と表出，(3)言語の形成と活用」の活動にもなる。

ワークシート例

◇グループで取り組むと，他者の発表から学ぶことができること，みんなで考えるとよりたくさんの言葉が見つけられるということから協力のよさを味わう活動にもなり，「3 人間関係の形成 (1)他者とのかかわりの基礎」と関連付けることもできる。

26 文章問題に挑め

準備 アセスメント用の問題，文章題をイメージするためのワークシート

時間 10～15分　　　　　　　　　　　　　**形態** 個別

■ねらい

絵が表す数量の変化を読み取り，文章で表すことができる。

文章題を読んで，文章が表す数量の変化を絵で表すことができる。

四則演算の数量変化をイメージし，正しく演算決定することができる。

■指導の流れ

①子供の文章題に関する苦手な部分を教員が見取る。

・アセスメント用の文章題を読んで，文章ごとの絵を描かせる。★参考文献①

②①から，文章題の数量の変化をイメージすることに苦手があることが見取れたら，四則の数量変化のイメージ化の練習を，ワークシートを使って行う。★参考文献②

・ワークシートを使った，絵→文，文→絵の指導を行う（週に一度２～４ページ）。

③②に慣れてきたら，何算かを伏せた状態で，ワークシートに取り組ませる。正しく演算決定できればよい。間違った演算決定をした場合は，②の過程に戻り確認をする。

④教科書の文章問題を読み，それが四則のどれに当てはまるかを「式の立て方シート」を活用して選び，立式する。★参考文献③

■指導のポイント

◇アセスメントでは，四則に取り組むことで，四則のどのパターンの数量変化のイメージ化が弱いかを確認する。

◇初めてワークシートを使う場合は，絵や文をかく手順について一つ一つ丁寧に教える。

◇絵→文，文→絵のワークシートは対になるものが用意されている。その２枚はセットで同じ時間に取り組むと理解しやすい。

アセスメントした付箋

〈参考文献・使用した教材〉
①熊谷恵子・山本ゆう著『通常学級で役立つ　算数障害の理解と指導法』学研
②山田充著『算数文章題イメージトレーニングワークシート』かもがわ出版
③栗本奈緒子「文章問題とその指導方法」月刊『実践障害児教育』2019年７月号　学研

27 「クッション言葉」でお願い

準備 クッション言葉の掲示物

時間 20分　　　　　　　　　　　**形態** 個別・小集団

▌ねらい

　他者に感じよく話しかけるときの言葉（「クッション言葉」）を覚えて，先生や友達に上手にお願いすることができる。

▌指導の流れ

①先生や友達に話しかけるときに，何と言って話しかけているか思い出す。

②先生や友達に話しかけるときの言葉「クッション言葉」について知る。

> **例** 「○○さん」「○○先生」「ねぇねぇ」「あのね」「すみません」「ちょっといいですか」
> 「失礼します」「今大丈夫ですか」

③ロールプレイなどを通して「クッション言葉」を使ってお願いをする練習をする。

> **例** 工作の場面で→「**ちょっといいですか？**　この部分が分からないので教えてください」
> 説明の場面で→「**○○先生**，もう一回言ってください」
> 遊びの場面で→「**ねぇねぇ**，次は私がおにをやりたいな」
> 物を借りる場面で→「**失礼します。**体育館の鍵を貸してください」
> 体調が悪い場面で→「**すみません。**少し休ませてください」

④振り返りを行う。

　「クッション言葉」を使って話しかけることで，他者も気持ちよくお願いを受け入れてくれることに気付かせる。

▌指導のポイント

◇「6 コミュニケーション (2)言語の受容と表出」の内容と関連させて指導していくとよい。

◇小集団指導の時間に限らず，個別指導の中でも先生にお願いする場面を意図的に設定し，「クッション言葉」を日常的に使えるように指導する。

```
┌─────────────────────────┐
│ クッション言葉            │
│ ┌──────────────┐        │
│                         │
│ 「ねぇねぇ。」  「ちょっといい。」│
│                         │
│ 「あのね。」    「○○さん。」   │
│                         │
│ 「すみません。」          │
│                         │
│ 「ちょっといいですか。」   │
└─────────────────────────┘
```

「クッション言葉」例

ICT

1 健康の保持

2 心理的な安定

3 人間関係の形成

4 環境の把握

5 身体の動き

6 コミュニケーション

28 他者紹介ゲーム

準備 ルールを示した掲示物

時間 10分 　　　　　　　　　　**形態** 小集団

I
C
T

1
健康の保持

2
心理的な
安定

3
人間関係の
形成

4
環境の把握

5
身体の動き

6
コミュニ
ケーション

▌ねらい

他者意識を高め，相手の話を最後まで聞いて覚えようとする力を身に付けることができる。

▌指導の流れ

①円になって座り，全体のめあてや個別のめあてを確認する。

②「他者紹介ゲーム」のルールを確認する。

③最初に自己紹介する子供を決めて，好きなものを話す。

④左隣に座っている子供が③の子供の自己紹介を復唱し，続けて自分の好きなものを話す。

　例 A児「スイカが好きなAです」

　　　B児「スイカが好きなAさんの隣のみかんが好きなBです」

　　　C児「スイカが好きなAさんの隣のみかんが好きなBさんの隣のイチゴが好きなCです」

⑤最後の子供まで友達の自己紹介をつなぐことができたら成功となる。

⑥スタートの子供を変えながら行う。

⑦全体のめあてや個別のめあてを振り返る。

▌指導のポイント

◇教師がゲームの仕方の手本を見せたり，話型を掲示したりするとルールを理解しやすい。

◇短期記憶が得意でない子供には，ジェスチャーなどでヒントを伝えると安心して活動することができる。

◇自分の番を待っている間，「話している相手を見ると覚えやすい」など話している人を意識できるように声かけをする。

29 １・２・３であっち向いてホイ

準備 活動できる場所

時間 10分　　　　　　　　　**形態** 小集団

■ねらい

相手の動きや声に合わせて先生や友達と関わり合いながら活動することができる。

■指導の流れ

①全体と個別のめあてを確認する。

②「１・２・３であっち向いてホイ」のルールを説明する。

③教師が子供の前に立って向き合って行う。

④教師が「１・２・３であっち向いてホイ」のかけ声をかける。

⑤子供は「ホイ」の合図でジャンプした後，身体をひねって次の４つの動きから１つ選択して動く。※右向き，左向き，後ろ向き，前向き

⑥指導者も子供と同様に選択して動いて立つ。

⑦子供は，教師と同じ向きになったらアウトでその場で座って待つ。

⑧最後まで残った子供が勝ちで，みんなで拍手をする。

⑨個々のめあてを振り返る。

■指導のポイント

◇本活動は，指先を使って遊ぶ「あっち向いてホイ」をアレンジした身体全体を使った活動である。

◇子供も指導者も両手を広げたくらいの間隔をあけて行うとよい。

◇身体をひねって半回転したり，一回転したりすることで身体を動かす運動にもなる。

◇回数を重ねるうちに子供が意欲的になり，みんなで楽しく関わることができる。

◇慣れてきたら教師役を子供が行うようにするとかかわりが深まる。

活動している様子

30 あわせてじゃんけん

準備 話題表等が書かれているワークシート

時間 20分 　　　　　　　　**形態** 集団

■ねらい

　マナーを守って友達の話を聞いたり自分の話を聞いてもらったりすることを通して，他者とのかかわりへの抵抗感を減らすことができる。

■指導の流れ

①活動の仕方を説明する。

・2人組でじゃんけんをし，指の数を足し算する（グーは0，チョキは2，パーは5）。

・表を見て，足し算した答えの数字のところに書いてある話題を確認する。

・話題について，相手と話をする。

②相手の話を聞くときに大切なことと，行い方を掲示して確認する。

足し算した数の番号の話をしよう	
数	話すこと
0	たんじょうび は いつ？
2	すきな べんきょう
4	すきな きせつ
5	すきな きゅうしょく
7	すきな のりもの
10	かってみたい どうぶつ（いきもの）

・この単元の前に上手な話の聞き方の学習をしておき，そのときのことを想起させる。

　→相手の顔を見る・うなずきながら・最後まで聞く，など

・行い方の話型を視覚的に示し確認できるようにしておく。

　→「やろう」「いいよ」／「よろしくお願いします。せーの，じゃんけんぽん」

　　「○番だね。私から言っていい？」「いいよ」／「私の～は○○です。△△さんは？」

③最初のペアを指定し，ゲームを開始する。全員とじゃんけんしたら終わり。

④振り返りをする。

■指導のポイント

◇他者と関わることに抵抗感のある子供は安心できる大人と一緒に行うようにする。大人が聞き方のモデルを示し，受容的な雰囲気をつくることで安心して自己開示できるようにする。

◇かかわりに慣れていないときは，「誕生日」「好きな色」「好きな食べ物」など，答えやすい話題にする。集団の実態や目的に合わせて話題の内容を工夫するとよい。

◇活動の中で「あ，同じだ」「へぇー！　そうなんだ」など，よい受け答えがあったときはすぐに声をかけ，それを意識させる。

◇一人一人，文字が書いてあるシールを持ち，じゃんけんした後にそのシールを交換して集めて暗号を解く，など，人と関わる意欲付けのための工夫をするとよい。

〈参考文献〉田上不二夫ほか編『特別支援教育コーディネーターのための対人関係ゲーム活用マニュアル』東洋館出版社

31 なかよしクイズ

準備 ワークシート，ミニホワイトボード

時間 20分　　　　　　　　**形態** 小集団

■ねらい

　自分の好きなものや休日にしたことをクイズにして出題することで，他者に自分自身のことを知ってもらい，基本的な信頼関係を築くことができる。

■指導の流れ

①小集団活動の中で，クイズの説明とめあてを確認する。

②個別指導の時間等を使い，自分の問題を考える時間を取る。

③クイズタイムで，出題をして答えてもらったり，他の人のクイズに答えたりする。

④お互いの好きなものを知ることができて仲良しになれたこと，出題の仕方や問題づくりが分かりやすかったこと等を伝えて，活動の振り返りをする。

■指導のポイント

◇問題を考えさせる際，自分しか知らないことではなく，答える人たちが興味・関心をもてそうな問題にするようアドバイスするとよい。

◇活動開始当初は，選択肢の中から答えを選ぶ際，教員が調整して必ず正解の選択肢を誰かが選べるようにする。

◇活動に慣れてきたら，誰も正解しなかったり，全員が正解してしまったりすることもあると，事前に伝える。自分が予想しなかった結果も受け入れられる経験を積ませたい。

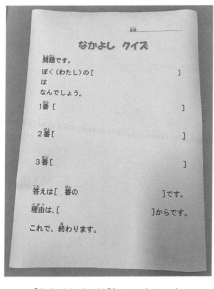

「なかよしクイズ」ワークシート

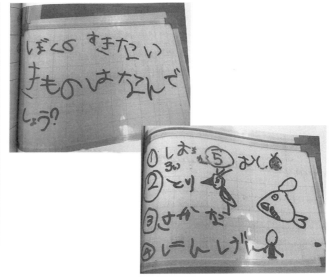

ミニホワイトボードに問題と解答を記入

ICT

1 健康の保持

2 心理的な安定

3 人間関係の形成

4 環境の把握

5 身体の動き

6 コミュニケーション

32 写真あわせ

準備 子供や教員の写真と名前のカード

時間 20分　　　　　　　　　　　　**形態** 集団

■ねらい

ゲーム活動を通して，友達や教員の顔と名前を覚えることができる。

■指導の流れ

①活動のやり方と全体のねらいを確認する。

> **ねらい** 友達や先生の名前と顔をペアにしよう。
>
> 名前が分からないときは，聞いてみよう。

②大きな机の上に，カードを裏にして置く。その周りに教員と子供が座る。

③順番を決めてカードをめくっていく。

④名前と顔がペアにならなかった場合は，2枚のカードを元に戻し，次の人の番となる。ペアになったときは，指導者が黒板にカードを貼り，次の人の番となる。

写真の人の名前が分からないときには，周囲の人に聞く。

⑤全部揃ったら，写真を見ながらもう一度名前を確認していく。

■指導のポイント

◇写真に入れるメンバーは，その集団に参加している子供と教員に加え，子供の担任の先生，校長先生，副校長（教頭）先生，養護教諭，専科の先生など，子供がかかわりをもつ人を入れるとよい。

◇座席の配置は，教員→子供→教員→子供…の順になるように座るとよい。記憶が難しい子供がいる場合は，その子供の隣に座っている教員がヒントになるようにカードをめくる。

◇勝敗にこだわってしまう子供がいる場合，全員で全部のペアを作れたら成功という風に投げかける。カードを前に掲示することで，1人が何組取れたかが分かりにくいようにするとよい。

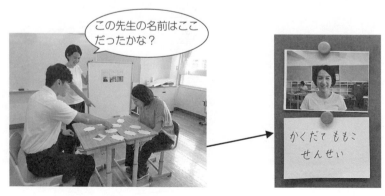

33 人間ロボットゲーム

準備 色板（25枚），コースター（スタート・ゴール・通過マス用），矢印札，○×ブザー，つたえかたの掲示物

時間 20分　　　　　　　　　**形態** 集団

■ねらい

　話型を用いて自分の考えを他者に伝えたり，他者の気持ちや考えを受け入れて行動につなげたりすることができる。

■指導の流れ

①ルールを説明する。

・スタートからゴールまでロボット役の友達を動かす。

・ロボット役と操縦士役に分かれる。

・操縦士役の子供は，動き方をロボット役の友達に伝える。

・ロボット役の子供は，「はい」と返事をして，指示通りに動く。

②協力して色板を並べる。

③操縦士役とロボット役の順番を相談して決める。

④ゲームを行い，終わったらめあてが達成できたか振り返る。

■指導のポイント

◇ロボット役の動き等を視覚的に示して説明する。

◇話型を示して，伝え方を確認するようにする。

◇途中でお宝マスを通ったら，○×ブザーを鳴らして合図をする。

◇スタートからゴールまでの時間を設定するか，操縦士役が動き方を何回まで指定できるかを予め伝えておく。

◇操縦士役とロボット役を交代で行えるようにするとよい。

◇矢印札を追加して進める方向を限定することで，難易度を調整することもできる。

マス（色板・コースター・矢印札）

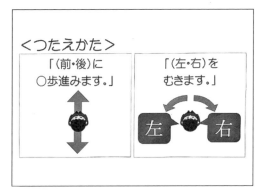

ロボットの動かし方（掲示物）

34 目隠し鬼

準備 目隠し（アイマスクなど簡単に取り外しできるもの）

時間 15分 　　　　　　　　　　　　　**形態** 集団

ICT

1 健康の保持

2 心理的な安定

3 人間関係の形成

4 環境の把握

5 身体の動き

6 コミュニケーション

▌ねらい

相手の意見を受け入れて行動することができる。

▌指導の流れ

①全体のめあてと個々のめあてを確認する。

②「目隠し鬼」のルールを説明する。

・目隠しをしている子としていない子がペアになり，離れて立つ。

・目隠しをしている子の中で鬼と逃げ手を決め，自分のペアの目隠しをしていない子の指示を聞きながら，鬼に捕まらないように逃げる。鬼も自分のペアの声を聞いて動く。

・一指示一行動をする。その際，動きの指示は，1つの方向（前後左右）のみとする。

　例 「前に3歩歩く」「右に大股で5歩歩く」など

・互いにタッチできるのは軽く手を伸ばして届く範囲までとする。

③目隠しの友達が不安にならないような指示の伝え方を考える。

・分かりやすさ（端的な言い方），お願いの伝え方（丁寧な話し方）を考える。

④目隠しの子供は，友達の指示をよく聞き，素直に聞き入れるよう指導する。

・指示が分かりづらい場合は，聞き返す。

⑤個々のめあてについて振り返りをする。

▌指導のポイント

◇相手に伝わりやすい言葉遣いや伝え方を考えるよう指導する。

◇相手の話を聞くことでうまくできた経験を重ねられるようにする。

◇素直に相手の話を受け入れることができたことを振り返り，伝え方や言い方が大事であることに気が付くようにする。

◇目隠しをすることに不安のある子供は個別に相談をして，参加の仕方を工夫する。

　例 歩いているときに一時的に見えるようにする。アイマスクではなく手で両目を隠す。

◇目隠しをする前に，前後左右の場所を確認したり，体の向きを変えたりすることで不安の解消に努めるとよい。

35 みんなの意見でそれ正解

準備 ミニホワイトボード,「なるほど!」「なんで?」カード,タイマー

時間 25分　　　　　　　　　　　　　**形態** 集団

■ねらい

相手の意見を考えながら自分の意見を伝える。意見の違いを受け止めることができる。

■指導の流れ

①めあて「友達と合わせることを考えて自分の意見を伝える」「この場での1つの正解を話し合って決める」と,各自個別のめあてを確認する。

②教員がお題を提示する。子供たちは,提示されたお題の解答を周囲に見えないように,自分のミニホワイトボードに記入する。

③教員から指名された人は,ミニホワイトボードをオープンにし,解答を口頭で伝える。指名された人と同じ解答の人がいた場合,同様にミニホワイトボードをオープンにしてみんなに見せる。その他の人たちは,その解答に対して「なるほど!」または「なんで?」カードを挙げる。

④「なんで?」カードを挙げた人はその理由を伝える。また,解答した人もその理由を伝える。お互いの意見について,否定ではなく,「理由を聞く」観点で意見を伝え合う。

⑤全員の解答がオープンになるまで③④を繰り返し,出た解答は必要に応じて板書しておく。

⑥みんなから出た解答の中から,話し合って1つの正解を決める。

■指導のポイント

◇本題材を扱う前に,その集団で一緒に活動する経験を積み,意見を伝え合うことにある程度慣れておく。年度はじめではなく,中間～後半の時期に行うとよい。

◇お題は,参考文献から,また,集団の子供の身近なものから提示する。

　例「○(一文字)で始まる甘い食べ物といえば」「学校にある,みんなで使う場所といえば」「大きいなあと思うものは」など

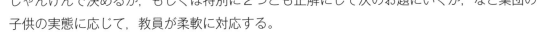

◇話し合いで1つの正解を決める際,お題によっては最後の2つから1つに絞り切れない場合がある。その場合も話し合いで,次回に持ち越すか,じゃんけんで決めるか,もしくは特別に2つとも正解にして次のお題にいくか,など集団の子供の実態に応じて,教員が柔軟に対応する。

〈参考文献〉上野一彦監修,岡田智ほか著『特別支援教育をサポートするソーシャルスキルトレーニング(SST)実践教材集』ナツメ社

36 気持ちを表す言葉

準備 光村図書の国語の教科書，イラストシートや状況絵カード，ワークシート

時間 20分　　　　　　　　　　　　　　形態 個別

■ねらい

　人物のイラストの表情や状況を読み取り，場面に合った人物の気持ちを一覧から選択することができる。そして，気持ちを表す言葉のレパートリーを増やす。

■指導の流れ

①光村図書の国語の教科書の巻末に記載されている「言葉のたから箱」コーナー（考えや気持ちを伝える言葉が掲載されている）の一覧表を確認する。

②イラストの人物がどのような気持ちか，支援者と対話をしながら一覧表から選ぶ。

③イラストの状況や前後の出来事を推察する。

※②と③を繰り返しながら，最適な表現を選択する。

④ワークシート（イラストに気持ちの吹き出しや状況推察記入欄を入れたもの）に記入する。

■指導のポイント

◇教科書は当該学年だけでなく，下学年のものも用意して，考えや気持ちを伝える言葉を示す。見やすいように「気持ちを表す言葉」をまとめて一覧表にしておくとよい。

◇「気持ちを表す言葉」の一つ一つを認識させるために，“喜怒哀楽”に分類する活動を行ってもよい。

◇状況を正確に把握できない場合には，手掛かりになる眉や口元，リアクションに注目させて，適切に判断できるように促す。

◇子供との何気ない対話や日常の振り返りの際も，言葉の一覧表を活用して行動と結び付けて自分の思いを言語化させることで「3　人間関係の形成 (3)自己の理解と行動の調整」と関連付けて指導することができる。

◇心の成長を促し，感情をコントロールできるようにするために，複雑な気持ちを言葉にしていくことは大切である。継続して指導していくことが望ましい。

「いま，どんなきもち？」大阪府人権教育研究協議会〈http://daijinkyo.in.coocan.jp/〉より

37 事件は何だ

準備 お題カード，ホワイトボード，メモ（必要な子供のみ）

時間 15分　　　　　　　　　　**形態** 集団

■ねらい

　他者の思いやイメージしたことを聞き，他者の考えていることを想像し，理解することができる。

■指導の流れ

①全体のめあてと個々のめあてを確認する。

②「事件は何だ」のルールを説明する。

・教師から提示されたお題カード（事件例）をもとに，物語を考える。

・考えた物語に基づいたヒントを聞いて，どのような事件が起きたか考え，ホワイトボードに書く。

③ヒントの視点は，いつ起こるか，どんな気持ちになるか，どんなことが起こるかなどにする。

④ヒントを聞いたり，質問をしたりして事件を予想する。

・子供の実態に合わせて，ヒントをメモに取ったり，聞き直したりしてもいいこととする。

⑤すべてのヒントを聞き終えたら，ホワイトボードに事件の内容を想像して書く。

■指導のポイント

◇子供がイメージしやすいように，お題は，学校で起きそうなことや身近なことを取り上げるとよい。

◇いつ，どこで，誰がしたか，どんな気持ちになるか，その結果どんなことが起こるかをヒントにするとよい。

◇答えの発表後，解答者にも考えを発表する機会をつくる。イメージが共有できたり，他の子供から適切な行動をアドバイスしてもらえたりするようにする。

```
・宿題を忘れた
・上履きを忘れた
・給食がこぼれた
・鉛筆の芯が全部折れた
・転んで怪我をした
・雨が降ってきたのに傘がない
・車とぶつかりそうになった
```

お題カード（事件）の例

〈参考文献〉すごろくや著『大人が楽しい　紙ペンゲーム30選』スモール出版

ICT

1 健康の保持

2 心理的な安定

3 人間関係の形成

4 環境の把握

5 身体の動き

6 コミュニケーション

38 以心伝心

準備 ホワイトボード（答えを書くためのもの），話型などの掲示物

時間 15分　　　　　　　　　　　　　　　形態 集団

■ねらい

友達が考えていることを推測することができる。

■指導の流れ

①全体のめあてと個々のめあてを確認する。

②「以心伝心」のルールを説明する。

・教師から出されるお題（赤い果物等）を聞いて，複数の友達が書きそうなものを予想し，ホワイトボードに書く。

・全員が一致するかあるいは複数の答えが一致したら１ポイントとする。

　例　４人で「人気の給食」のお題に対して，カレー２人，あげパン２人でも成功。

・数回繰り返して勝敗を決める（合計得点，回数など適宜ルールを決める）。

③多くの友達が興味や関心をもっていそうなことを考えて答える。

・グループで競ってゲームをする際は，友達と相談しながら，相手チームが考えそうな言葉を予測する。

④個々のめあてが達成できたか，振り返る。

■指導のポイント

◇事前に答えになりそうなものをイメージさせたり，例示したりして答えを書きやすくする。

◇自分の考えと理由を合わせて発表させる。必要に応じて，話型を用意する。

◇自分の考え（意見）と理由（事実）を分けて話すことができるよう，文を分けて表現させるようにする。

◇「それもいいよね」など，揃わない答えがあっても共感的に受け止めるようにさせる。

◇気持ちを切り替えて取り組めるよう，数回行い，一回の結果にこだわらないようにさせる。

◇人気のペットランキングなど，答えが一致しやすそうなものから出題する。

・赤い果物
・人気のマンガ
・人気 NO.1のお寿司のネタ
・東京の観光名所　など

お題の例

くわしく話すための言い方

ぼく・わたしは〜と思います。（考えたこと）
理由は…だからです。（確かめられること）
理由になること
　見たことや聞いたことがあることなど

話型の例

〈参考文献〉すごろくや著『大人が楽しい　紙ペンゲーム30選』スモール出版

39 伝言カラーコピー

準備 色鉛筆（または立方体のカラーブロック），マスの書かれた紙

時間 15分　　　　　　　　　　　形態 小集団

■ねらい

集団でのルールを知り，友達と仲良く活動しようとすることができる。

先生や友達の話をよく聞き，ゲームに役立てる。

他者の意図や感情を理解し，場に応じた適切な行動をとることができる。

■指導の流れ

①ルールを説明する。

・2人1組をつくり，指示者，解答者を決める。

・指示者は，解答者に見えないようにマスの書かれた紙の上に色鉛筆で色を塗る。

・塗り終えたら，解答する人の手元を見ないで言葉だけで自分の塗った色と場所を伝える。解答者は，指示者の言葉をヒントにして描かれた図を再現する。

②図の作成，解答者に伝える時間をそれぞれ設定し活動に取り組む。

■指導のポイント

◇ルールを理解しやすいように，教師が手本を見せる。

◇カラーコピーのように元の形と同じように再現を目指そうと声かけをする。

◇うまくいかないときもあることを伝え，失敗しても怒ったり泣いたり相手を攻撃しないことを伝える。

◇マスに色を塗る代わりに，カラーブロックをマスに置いて活動してもよい。

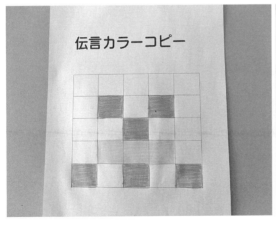

マスを書いたプリントの例

衝立を間に置き，お互いに
見えないようにした活動の様子

ICT

1 健康の保持

2 心理的な安定

3 人間関係の形成

4 環境の把握

5 身体の動き

6 コミュニケーション

40 ルックダウン・ルックアップ

準備 人数分の椅子，必要に応じて目が合うことをイメージしたイラスト

時間 10分　　　　　　　　　　　　**形態** 集団（4～10人程度の偶数）

■ねらい

相手と視線が合うとは，どのような状態のことかを理解することができる。

■指導の流れ

①椅子を持ち，顔が見えるように輪になって座る。

②ゲームの概要を説明する。

> **例**「全員立ちます。『ルックダウン』のかけ声で下を向き，『ルックアップ』のかけ声で顔を上げて誰かの目を見ます。見た相手も自分を見ていて，目が合ったら『ゲッツ』と言い，両手で相手を指さして椅子に座ります」

③ペアになり練習する。かけ声に合わせて動き，相手と目が合うという状態について確認する。

④リーダーのかけ声に合わせてゲームをする。全員が座るまで実施する。

⑤実施してみての感想を話し合う。

■指導のポイント

◇ある程度小集団でのかかわりに慣れてきた頃に実施するとよい。

◇目を合わせることに抵抗がある子供には，身体を相手に向け鼻の辺りを見るように伝える。

◇失敗することが苦手な子供がいる場合は，指導者が配慮してその子供を見るようにする。

◇複数回実施するとよい。2回目は1回目とは違う人を見よう，などの条件を付けると，いろいろな人と目が合う体験ができる。

◇目が合ったときに相手が笑顔だとうれしい気持ちになること，目が合ったときに笑顔で会釈をするとよいこと，相手の話を聞く姿勢なども関連付けて振り返りを行うと，「6 コミュニケーション (1)コミュニケーションの基礎的能力」の内容とつながる。

顔を上げて目が合ったらゲッツ！

〈参考文献〉プロジェクトアドベンチャージャパン監修，諸澄敏之編著『みんなのPA系ゲーム243』杏林書院

41 カトチャンペ

準備 人数分の椅子

時間 10分　　　　　　　　**形態** 集団（6人以上）

■ ねらい
他者の動きと状況を把握し，自分の役割を遂行することができる。

■ 指導の流れ
①椅子を持って相手の顔が見えるよう，輪になって座る。
②ゲームのやり方を説明する。

> **例** 「リーダーが誰かを見て『カト』と言いながら指をさします。『カト』と指された人は，また誰かを見て『チャン』と指をさします。『チャン』と指された人の両隣に座っている人は『チャン』と言われた人に向かって『ペ』と，指を鼻の下に当てて『カトチャンペ』のポーズをします。その後『チャン』と指をさされた人がまた他の誰かを『カト』と指さしてゲームを続けます」

③練習をする。ゆっくりとしたリズムで行いルールを丁寧に解説し，確認する。
　周囲の声と動きに注目すること，相手の目を見て指をさすことなどを確認し，うまくいったらよいところを具体的に伝えて褒め，それを全体で共有する。
④ゲームを行う。慣れてきたら時間内で何回できるか，などの負荷をかけていく。

■ 指導のポイント
◇相手の視線を感じにくく，状況の把握が難しい子供には，個別に支援者が付き，言葉で具体的に相手の行動を解説して理解できるよう支援する。また，他の参加者には，相手が分かりやすいように相手に身体を向け，目を見て指をさすよう声をかけるなど，「3　人間関係の形成 ⑶自己の理解と行動の調整」「6　コミュニケーション ⑸状況に応じたコミュニケーション」と関連付けて指導をする。
◇ポーズを「しむら・けん・アイーン」など，親しみやすいものにすると，より楽しめる。

「カト」→「チャン」と指さす　　　　　「チャン」の両隣が「ペ」のポーズ

〈参考文献〉プロジェクトアドベンチャージャパン監修，諸澄敏之編著『みんなのPA系ゲーム243』杏林書院

ICT

1 健康の保持

2 心理的な安定

3 人間関係の形成

4 環境の把握

5 身体の動き

6 コミュニケーション

42 ニョッキ

準備 人数分の椅子

時間 10分　　　　　　　　　　　　　　　**形態** 集団

（左側縦）ICT／1 健康の保持／2 心理的な安定／3 人間関係の形成／4 環境の把握／5 身体の動き／6 コミュニケーション

■ねらい

　仲間の表情や動き，様子を見て行動を予測しながら，ゲームの目的達成のために自分の気持ちや行動をコントロールしようとすることができる。

■指導の流れ

①椅子を持ち，相手の顔が見えるよう輪になって座る。

②ゲームの説明をし，ねらいを確認する。

　例 「『ニョッキ，ニョッキ，ニョッキッキ』のかけ声でゲームを開始します。『1ニョッキ』『2ニョッキ』と他の人と重ならないように数字を言いながらタケノコのように手を上に上げて立ち，すぐ座ります。いくつまで重ならないで続けられるか挑戦しましょう」

③楽しくゲームをするために大切なことについて確認する。

　例 1人が連続して言わない，失敗しても責めない，など

④重ならないようにするためのコツについて話し合う。子供からの意見を取り上げてみんなで共有していく。

　例 アイコンタクトをとる，表情を見る，ジェスチャーで伝える，譲る，など

⑤ゲームを行う。

　慣れてきたら，「1人○回は言う」「○分で△番以上まで言えるように」などの負荷をかける。

⑥ゲーム終了後，振り返りをする。よかった行動やうまくいったコツなどについて共有し，改善点については書き残しておき，次回の活動に生かす。

■指導のポイント

◇大人が，失敗したときに「ごめん！」と謝る，ミスしたときに「惜しかったね！　次がんばろう」と言うなど，失敗したときの対処方法のモデルを示し，子供が見て学ぶことができるようにすると共に，あたたかい雰囲気で行うことができるようにするとよい。

◇指導者は子供の動きをよく観察し，よかった行動を具体的に言葉で伝え，意識できるようにするとよい。

　例 「言おうと思ったけど譲れたね」
　　　「迷っていたけれど勇気を出して言えたね」
　　　「相手の動きをよく見たね」等

43 気持ち調べ

準備 ルール表（拡大掲示用，手元用），カラーチップ，カラーチップ置き用紙皿

時間 20分　　　　　　　　　　**形態** 個別・集団

■ねらい

　提示された場面に対する自分の気持ちや度合いを考えたり，他の人の感じ方を受け入れたりすることができる。

■指導の流れ

①ルールを説明する。

・提示されたお題に対し，「うれしい」「かなしい」「イライラ」「ふあん」のどの気持ちになるかを考え，カラーチップを場に出す。気持ちの度合いに応じ，1～3枚のチップを出す。

・どうしてその気持ちや度合いなのかを発表し合い，考えを交流する。

②活動に取り組む。

③振り返りを行う。

■指導のポイント

◇お題は，「学芸会当日」「今日は漢字テスト」「雪が降った」など，身近で子供の特性に応じたものや多様な意見が出るものを用意する。

◇様々な意見があること，他者の意見を否定しないことを事前に指導する。

◇最初は，最も強く感じる気持ちを1つだけ選ぶようにする。自己決定や互いの意見の受け入れができるようになってきたら，複数の気持ちを選んでもよい。

◇カラーチップ置き用の入れ物は，音が鳴らない紙皿などがよい。

◇カラーチップを触ってしまって集中できない場合には，ワークシートにカラーシールを貼る方法に切り替えるとよい。

◇プレイヤーには，教員が1人以上入るようにする。あえて子供とは異なる意見を出して他者の意見の受容を促したり，発表の手本となったりするようにする。

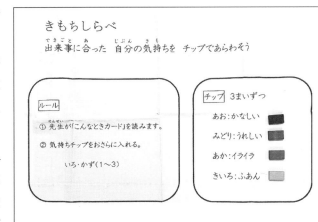

拡大掲示物
ルール表には，実際のチップやシールを貼り，
視覚的に分かりやすくする

44 ソーシャルスキル人生ゲーム

準備 行動の振り返りチェックシート，市販の人生ゲーム（またはすごろくシート），付箋，サイコロ，駒，コイン（またはポイントカード）

時間 30分×5回　　　　　　　**形態** 集団

ICT

1 健康の保持

2 心理的な安定

3 人間関係の形成

4 環境の把握

5 身体の動き

6 コミュニケーション

■ねらい

オリジナルの人生ゲームを作成する活動を通して，相応しい行動や不適切な行動を具体的に捉えることができる。自己の行動を客観的に振り返ることができる。

■指導の流れ

①全体のねらいと計画を確認して，見通しをもたせる。

②行動の振り返りチェックシートを活用して，一般的に望ましい行動や態度を知り，チェックしながら自己の行動を振り返る。

③人生ゲームのマスの内容を場面ごとに考える。また，ゲーム内の金額（ポイント）も実践できるかどうかの難易度に合わせて設定する。

例 ・大まかな場面設定「授業中」「運動会の練習や本番」「休み時間」「中学・高校受験」等
　　・具体的な場面設定「先生に注意された」「友達が泣いている」「自分はやっていないのに責められた」等

④完成したソーシャルスキル人生ゲームをする。

⑤一般的に望ましい行動や不適切な行動を具体的に理解することができたか，また自己の行動と比較して考えることができたか振り返る。

■指導のポイント

◇行動の振り返りチェックシートは，『特別支援教育実践ソーシャルスキルマニュアル』（上野一彦・岡田智編著，明治図書）などソーシャルスキルに関する書籍を参考に，望ましい行動や態度をまとめるとよい。

◇ゲームをすることよりもマスの内容を考える活動を重視して，様々な場面の適切な行動を考えるように促す。

◇常に自分事として捉えられるように，「あなたならどうする？」「これまではどうしてた？」「これから，この行動はできそう？」等と声をかける。

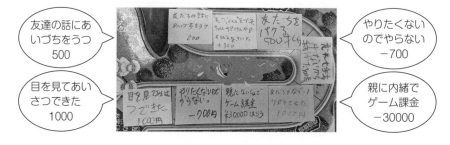

友達の話にあいづちをうつ 500

目を見てあいさつできた 1000

やりたくないのでやらない −700

親に内緒でゲーム課金 −30000

45 相談ボッチャ

準備　ボッチャセット，ミニホワイトボード（相談ボード），赤・青・白の丸い磁石

時間　20分　　　　　　　　　　　　　　形態　集団

■ねらい

　チームのメンバーと相談し，相手の考えを受け入れながら自分の意見を伝えて，ゲームに取り組むことができる。

■指導の流れ

①ボールを投げる場所，順番や得点の付け方等のルールの確認をし，本時のめあてを伝える。

②投球前に，ミニホワイトボード（相談ボード）を使って，自分のチームのボールを，どこに，どのくらいの強さで投げるかを相談させる。

③1エンド終了後，次のエンドの作戦を考えさせる。

④ゲームが終了したら，自分のチームや相手チームのよかったところや次回がんばりたいこと等を発表させ，振り返りを行う。

■指導のポイント

◇ルール説明では，教員が実際の動きをして見せ，その後にボールを投げる練習をさせてどのくらいの力加減で投げればよいかを体感させてからゲームを始める。

◇自分のチームのボールがジャックボールに一番近い間は待つことが続くため，集中が苦手な子供がいる場合は待ち時間に相談ボードを使って作戦を考えさせるとよい。

◇子供だけでは話し合いがうまく進められない場合は，教員が各チームに1名加わり，子供の考えを引き出したり，チームの作戦をまとめたりして，話し合いの進め方に慣れる。

◇教員と子供が離れた場所にいてオンライン授業をする場合は，子供に投げるボールの強さや方向をチームの人と話し合わせ，その指示通りに教員がボールを操作してゲームを行うこともできる。

ボッチャ

相談ボード

ICT

1 健康の保持

2 心理的な安定

3 人間関係の形成

4 環境の把握

5 身体の動き

6 コミュニケーション

46 「虹色のへび」

準備 「虹色のへび」（アミーゴ社），ルール表（自作），チャレンジ表（自作）

時間 20分　　　　　　　　　形態 集団

■ねらい

ルールや順番を守り，協力してへびカードをつなげることができる。

■指導の流れ

①ルールを説明する。

・山札から順番に１枚ずつカードを引く。

・接する部分が同じ色のカードをつなげることができる。

・カードをつなげる際には，プレイヤー同士で相談する。

・頭・体・しっぽの３種類が揃っていることが，へび完成の条件となる。

②ゲームをする。

③振り返りを行う。

・最も長いへびに使われているカードの数やどの賞を獲得したかを集計する。

・それぞれのよかった点を発表し合ったり，子供のよい言動を教員が価値付けたりする。

■指導のポイント

◇長さや賞にこだわってゲームを楽しめていない子供に対し，カードの出方は運であることを
　伝えたり，繰り返し取り組んで記録を伸ばしていく楽しさもあることを伝えたりする。

◇誰か１人が意見を主張しすぎることがないように，「最終決定はカードを引いた人」など，

実態に応じた指導を行うと
よい。

◇順番を待ちきれない子供や
順番が分からなくなってし
まう子供がいる場合，シン
ボルを回すことで次にカー
ドを引く人が誰かを明確に
する。

◇子供のよい言動や教員がね
らいとする姿についての掲
示を作り，ゲーム中に参照
できるようにしてもよい。

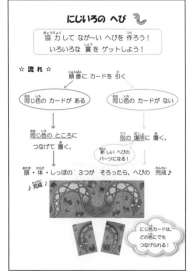
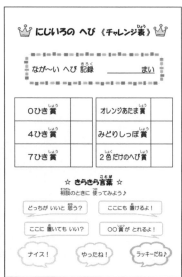

ルール表・チャレンジ表

47 協力しりとり

準備 鉛筆，白紙，パソコン（Chromebook），Google スプレッドシート

時間 30分　　　　　　　　　　**形態** 集団

■ねらい

みんなで良い雰囲気をつくりながら，協力してしりとりを行うことができる。

■指導の流れ

①「協力しりとり」の説明をする。

しりとりの目標個数を設定し，制限時間内に目標を超えられるように友達と協力してしりとりをつなげる。言葉でしりとり→（鉛筆で）書いてしりとり→（パソコンで）タイピングしてしりとりの順に行い，少しずつ難易度を上げる。

②教師の「協力しりとり」の2つのロールプレイを見て，良い雰囲気と悪い雰囲気の違いについて考える。

・良い雰囲気→ふわふわ言葉を使っている，思いつかなくても待ってあげている，友達を応援している，ヒントを教えている。

・悪い雰囲気→「遅い」と言う，つまらなそうにしている，やる気がない，舌打ちをしたりため息をついたりしている。

③良い雰囲気でみんなと「協力しりとり」を行うための個人のめあてを考える。

④「協力しりとり」を開始する。

⑤振り返りを行う。

③で決めためあてを達成できたか，良い雰囲気で「協力しりとり」を行うことができたか振り返る。

■指導のポイント

◇目標を超えられないときや，書いたりタイピングをしたりすることが苦手な友達がいてスムーズにしりとりが続かないときに，子供一人一人がどのような言動をとると最後まで良い雰囲気を保つことができるのか考えさせながら指導を行うとよい。

Aさん	Bさん	Cさん	Dさん		
りす	すいか	か	からす		
す	す	スルメイカ	かもめ		
めだか	かめ				

タイピングでしりとり（Google スプレッドシート）

ICT

1 健康の保持

2 心理的な安定

3 人間関係の形成

4 環境の把握

5 身体の動き

6 コミュニケーション

48 室内おにごっこ

準備 ルールを提示する（黒板，ホワイトボード，紙など），場所の設定

時間 10分 **形態** 集団

■ねらい

　数あるおにごっこの中から室内でできるものを選択したり，おにごっこのルールを室内用にアレンジしたりすることで，友達と楽しく活動することができる。

■指導の流れ

①めあて「ルールを理解して活動する。友達と一緒に楽しむ」を提示し確認する。各自個別のめあても確認する。

②何おにごっこにするかを決める。

　例 歩きおに，五歩おに，こおりおに，手つなぎおに，など

③ルールと方法を確認する。

・場所：一教室か，廊下やもう１つの教室も使うか，など。

・時間：５分間で１回行う，２～３分ずつ２回行う，など。

・約束：必ず歩く（走った場合はすぐ鬼になる），声の大きさに気を付ける（声のスケールで０～１が目安），鬼がタッチするときの力加減（優しく，音が出てはいけない），など。

・方法：鬼の決め方，おにごっこの仕方，どのおにごっこも鬼を１人か複数（人数次第）か決める。

　例 鬼以外の人は鬼に捕まらないように逃げ，鬼は追いかける。早歩きは OK。
　　　鬼にタッチされた人が次の鬼になる。

④ルールに従って活動する。

⑤感想の発表やめあての振り返りをする。

■指導のポイント

◇授業のウォーミングアップや，途中の気分転換，最後の調整活動として行うとよい。

◇ルールは子供によって違う場合があるので，必ず子供同士で意見をすり合わせる。子供たちと相談して，大人も一緒に活動する。

◇「６ コミュニケーション (5)状況に応じたコミュニケーション」に関連して，会話でやりとりすることも押さえる。タイムキーパーや審判は大人がするが，どうしても入れない子供がいるときには一緒に行う。

きょうしつでは
あるきます。
ゆかに 足のうらを
つけます。

提示ルール例

49 室内ドッジボール

準備 役割分担（審判，点数係，タイマー係など），床にコートの目印のテープを貼る，タイマー，ルールを書いたもの（板書，ミニホワイトボード，紙など）

時間 20〜30分　　　**形態** 集団

■ねらい

ルールを守り，友達と協力して活動することができる。

■指導の流れ

①めあて「友達と協力する（ルールを守る，譲り合うなど）」と，各自個別のめあてを確認する。

②ルールを話し合いで決め，確認する（ドッジボールを知らない子供がいた場合はやり方も）。

・柔らかいボールを使用し，力加減を調整，外野はなし，首から上にボールを当てるのはなし，とする。

・相手のボールに当たったら座り，味方が相手ボールをキャッチするか相手に当てるかすれば，復活できる。

・相手にボールを当てたら，1ポイント。点数制にする。

・決めた時間行い，残った人が多い方が勝ち。

・試合時間（5分間1，2試合，2分間3，4試合，他）も実態に応じて決める。

③両チーム向かい合って並び，あいさつをして始める。終わりもあいさつは丁寧にする。

④振り返りをし，改善する点があれば，次回改善して行う。

■指導のポイント

◇それぞれの子供に対して「協力する」ことの具体的な行動を押さえておく。めあての確認時でもよいし，事前の学習時でもよい。「あったかことば」を使うことについても事前に確認しておく。

◇大人対子供で対戦すると，子供たちの結束する意識が高くなる傾向がある。また，人数合わせで大人と子供が交ざるときは，子供の実態に応じて，大人がさりげなく調整役になることも必要である。

◇アメリカンドッジボール（ボールに当たったプレイヤーが相手のコートに移動するドッジボール）は，どちらが勝つか分からず，それほどもめる要素がないので，勝敗の受け入れの初歩にはよい。めあてで何を重視するかで，ルールの決め方が変わってくる。

◇ゲームの途中でルールを変更することはせず，もし変更する必要が出てきた場合は，1ゲーム終わってから話し合う，または次回行うときに変更することを振り返り時に話し合うなど，工夫する。

ICT

1 健康の保持

2 心理的な安定

3 人間関係の形成

4 環境の把握

5 身体の動き

6 コミュニケーション

50 図面を完成させよう

準備 平面図，ヒントカード，教室名が書かれた札

時間 40分　　　　　　　　　　　　　　　　**形態** 集団

サイド：ICT／1 健康の保持／2 心理的な安定／3 人間関係の形成／4 環境の把握／5 身体の動き／6 コミュニケーション

■ねらい

　自分の役割に沿って，ヒントをもらえるようにお願いしたりヒントカードを渡して助けたりして，みんなで協力して図面を完成させることができる。

■指導の流れ

①全体のめあてと個々のめあて，さらには活動の方法を確認する。

②リーダーとアドバイザーの役を決め，それぞれの役割を知る。

※【リーダー】ヒントカードをもらって図面を完成させていく。カードをもらうときには，「○○教室のことが書かれているヒントをください」とお願いする。ヒントから場所が分かったら（予想がついたら），メインの先生に「○○教室の札をください」とお願いする。

※【アドバイザー】リーダーに頼まれたらヒントカードを渡したり（先生にもらいに行く），リーダーが困っていたらアドバイスをしたりする。答えは分かっても言わない。

③活動をし，図面が完成したら「できました」と宣言し，メインの先生と答え合わせをする。

④活動を振り返って，他者にお願いしたり困った人を助けたり助けてもらったりしたことに焦点を当てて，感想を発表する。

■指導のポイント

◇リーダー役とアドバイザー役を交代して，他の図面で活動するとよい。

◇ヒントカードは，リーダーとアドバイザーと先生に数枚ずつ配付する。リーダーに渡すヒントは，場所が特定しやすく他の教室にも関連して考えを広げていけるものと，その教室単独のものにするとよい。

◇このような活動が得意な子供は，答えを教えたがったり，分からない人に対していらだったりすることがある。アドバイザーの役をする際に，相手を尊重したり相手のペースに合わせて待ったりすることの大切さを事前に指導するとよい。

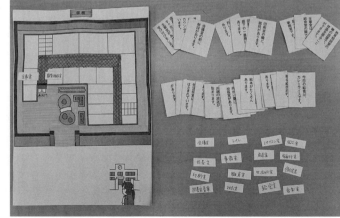

〈参考文献〉白石孝久著『自己肯定感がぐんぐん育つ　学級づくりに役立つライフスキル』小学館

51 ハイカット・ローカット

準備 ミニホワイトボード

時間 15分 　　　　　　　　　　　　　**形態** 集団

■ ねらい

　他の人の様子を見たり，状況を考えたりなど集団の雰囲気に合わせ，自分の考えを決めることができる。

■ 指導の流れ

①集団のめあてと個々のめあてを確認する。

②「ハイカット・ローカット」のルールを説明する。

・指定された範囲（1〜30，50，100までなど）から1つ数字を決めて，ミニホワイトボードに書く。

・グループの中で，一番大きい数字，一番小さい数字を書いた子供は無得点となる。それ以外の子供は，自分の書いた数が得点になる。

・これを数回繰り返して，合計点が高い子供が勝ちとなる。

③どうしたら大きな数を取れるか方法を考える。

　例　・周りの友達の数字の選び方を観察して，自分の数を決める。

　　　・うまくいかなくても怒らないで，気持ちを切り替えて考える。

　　　・友達の合計点を考えながら，自分が何点くらい取ったらよいか予想する。

④1ゲーム終了ごとに，勝つための対策を考える。

⑤個々のめあてが達成できたか振り返りをする。

■ 指導のポイント

◇自分が書きたい数字を優先するのではなく，周りの友達の様子を見て変えることを促す。

◇気持ちを切り替えて取り組めるようにするため，回数ごとに勝敗を決める方法を取る。

◇周囲を見て行動することを意識させる。

　例　結果を確認するとき，自分が書いた数が一番大きかったり，一番小さかったりしたときは，ホワイトボードを伏せさせる，互いに誰が得点できたか名前を言わせるなど

◇教員も参加して，意図的に大きい数を書いて上手に負けるなどして場をコントロールするとよい。

〈参考文献〉すごろくや著『大人が楽しい　紙ペンゲーム30選』スモール出版

ＩＣＴ

1 健康の保持

2 心理的な安定

3 人間関係の形成

4 環境の把握

5 身体の動き

6 コミュニケーション

52 ONE TO FIVE

準備 ホワイトボード

時間 5分　　　　　　　　　　　　　　　**形態** 小集団

▍ねらい

　集団の雰囲気に合わせたり，集団に参加するための手順やきまりを理解したりして，遊びや集団活動などに積極的に参加できる。

▍指導の流れ

①全体のめあてと個々のめあてを確認する。

②「ONE TO FIVE」のルールを説明する。

・人に見せないように１～５までの好きな数字をホワイトボードに書く。

・自分を含め２人以上の人が同じ数字を書いていた場合は得点が入らない。

・自分だけが特定の数字を書いていた場合にその書いた数字が得点になる。

③勝ち負けの際の受け止め方を確認する。

・勝っても威張ったり，自慢したりしない。

・負けても怒ったり，泣いたりしない。

④順番に書いた数字を確認していく。

⑤数回行い，合計点が高い人が勝ちとなる。

⑥上手に予想できたこと，勝ち負けの受け入れができていたことを伝える。

▍指導のポイント

◇ルールを理解しやすいように，教師が手本を見せる。

◇数字の上限は小集団の人数に応じて調整するとよい。

活動の様子

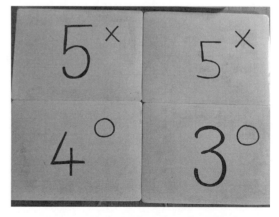

ホワイトボード（100円ショップにて購入）

53 同じ絵を見つけよう

準備 ワークシート，カード

時間 5分

形態 個別

■ねらい

　複数の絵の中から２枚の同じ絵を見つける活動を通して，視覚情報の共通点や相違点を見つける力を付ける。

■指導の流れ

①ワークシートやカードを配り，やり方を説明する。

　「複数ある絵の中に，まったく同じ絵が２つあります。その２つを見つけましょう」

②３分間，１人で取り組んでみる。

③②で時間内に終わらない，分からない場合は効率よく探す方法や方略を教える。

　例　「２つずつ絵を見比べ，違っている方に×印を付け候補を絞っていく」

　　　「全体を見て，他の絵との違いを○で囲んでいき，候補を減らしていく」

④答え合わせをする。

■指導のポイント

◇はじめのうちは４つの絵から始め，自力で間違いを見つけることができるようになってきたら絵の数を増やす。また，本学習の前に，間違い探しなどを行い２つの絵を見比べる練習をしておくとよい。

◇絵に限らず，文字や図形などで行ってもよい。

◇一定期間，または十分効果を得られるまで継続して行う必要がある。

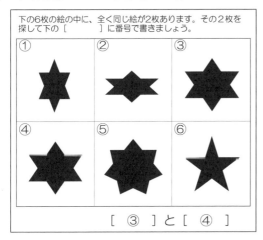

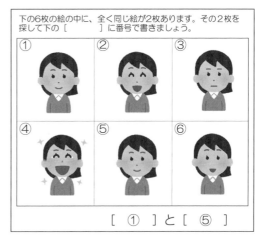

〈参考文献〉宮口幸治著『コグトレ　みる・きく・想像するための認知機能強化トレーニング』『やさしいコグトレ　認知機能強化トレーニング』三輪書店

54 さわって当てよう

準備	中が見えにくい袋，手の中に入る大きさの人形やブロック２個ずつ，10cm四方の板，ふくらむえのぐ（㈱マービー）
時間	10分

形態 個別

■ねらい

識別系の触覚を働かせて，手探りで指定された人形やブロックを見つけたり，板に書かれた数字やひらがなを当てたりすることができる。

■指導の流れ

①活動のやり方を確認する。

※袋に入っている人形（ブロック）と同じものを，見本として机上に出して並べて置く。

②見本の中から指定された人形（ブロック）の形を捉え，同じものを袋の中から手探りで見つけて取り出す。

※実態によっては，事前に見本を触ったり，形の特徴を言葉で確認させたりする。

> 例 うさぎ→長い耳が２つあるね。 犬→足が４本あって，立っているね。
>   魚→こっちの魚は目が出ているけど，こっちは出ていないよ。

③人形（ブロック）を追加したり，似た形のものを入れたりして，難易度を変えながら２問目，３問目に取り組む。

④人形（ブロック）当てに慣れたら，板に書かれた数字やひらがな当てをする。

※はじめのうちは，子供から見て正位置になるように板を置く。慣れてきたら，字の向きを回転させる。

■指導のポイント

◇感覚過敏がある子供が識別系の感覚を働かせて過敏さを軽減させるアプローチのため，子供が飽きないように工夫しながら継続的に取り組む必要がある。また，平衡感覚や固有感覚を刺激するような感覚統合のための活動を併用すると効果的である。

◇失敗を恐れて，真剣に取り組まないときは声かけの工夫をする。

◇正解することよりも，手で触って形を捉えようとすることが大切である。

見本をよく見て探す

袋に入れるアイテム

55 見る見るクイズ

準備 パソコン，PowerPoint，プロジェクター，ホワイトボード

時間 10分　　　　　　　　　　　　　**形態** 個別・小集団

■ねらい

集中してよく見る力を身に付けることができる。

短期記憶力やイメージ力を身に付けることができる。

■指導の流れ

①全体のめあてや個別のめあてを確認する。

②「見る見るクイズ」のルールを確認する。

・プロジェクターを使って映像を映し，見えたものの名称を当てる。

③一瞬だけ映すため，よく見ていなければ答えられない問題であることを確認する。

④集団で行う際は，答えが分かっても指名されるまで口に出してはいけないことを確認する。

⑤見逃したときやもう一度見たいときのお願いの仕方を確認する。「もう一度見せてください」

⑥問題を見て，答えが分かったらホワイトボードに書く。

⑦全体で答え合わせをする。

⑧全体のめあてや個別のめあてを振り返る。

■指導のポイント

◇映し出すものは，子供の興味関心の高いものにすると楽しく，集中して取り組める。

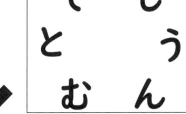

アニメーションを使って文字を並べ替えると
答えが理解しやすい

56 たぬきことば
～聞く聞くクイズ～

準備 聞く聞くクイズの問題，ホワイトボード（必要なときのみ）

時間 10分　　　　　　　　　　**形態** 個別・集団

■ねらい

耳からの情報を頭の中で記憶・整理してから，表出することができる。

■指導の流れ

①よく聞いて答える活動であることを知らせ，間違えてもよく聞いて考えていることを評価する。

②問題を聞いた後で，考えて答えるルールであることを説明する。

③例題を示す。

例 「くたるたま」から「た」を抜くと→「くるま」

　「ちたりたとたり」から「た」を抜くと→「ちりとり」

④だんだんと文字数を多くしてもよい。または，その地域特有の言葉（地名や学校名等）を使用してもよい。

例 「こたうたとたうたく」から「た」を抜くと→「こうとうく（江東区）」

⑤3～5問程度を毎時間続けて行う。

■指導のポイント

◇例題や問題の出し方等，参考文献を参照して行うとよい。

◇聞き取りができても覚えていられない場合や，頭の中で「た」を抜いた言葉にできない場合は，ホワイトボード等に書き取って，目で確認しながら解答してもよい。回数を重ね聞き取り方に慣れてきたら，少しずつ書き取ることは減らしていく。

◇「たぬきことば」以外にも，「抜けている曜日」は何かを聞き取って当てるクイズや，連絡帳に書くような「明日の予定」聞き取りクイズ等，子供が学級で困っているような場面を想定して発達段階に合わせた問題づくりができるとよい。

こたうたと
たうたく

？

えーと

〈参考文献〉『いーらぼ発達支援テキスト1　聞く力トレーニングブック』マインＥラボ・スペース

57 人間カーリング

準備 スクーターボード，床に貼るビニールテープまたはカラーコーン

時間 5〜10分　　　　　　　　**形態** 個別

■ねらい

自分の力の入れ方に意識を向けて特性を知り，状況に合わせて調整しようとすることができる。

■指導の流れ

①活動の行い方とねらいを説明する。

> **例**「スクーターボードにおなかを下にして乗ります。プールでの，けのびのように壁を蹴って進みます。そのときに，ぴったり○色の線で止まれるように力を調整します。ぴったり止まれたら合格！です」

②スクーターボードに乗るときの注意点について確認をする。

・手はスーパーマンのようにしっかり前に伸ばす（車輪への巻き込み防止・姿勢保持）。

・足はしっかり伸ばし，床から離す（姿勢保持の力を付けるため）。

③練習タイムをとる。事前に「練習○回」「練習タイム○分」などと予告しておく。

④本番のチャレンジを行う。

・目的地を自分で決めて行う，指導者が決めて行う，の二通り行えるとよい。

⑤活動後に振り返りをする。よかった点と改善点を確認し，次回のめあてにする。

■指導のポイント

◇スクーターボードに腹ばいで乗って進む活動の目的は姿勢保持の基礎の力を付けることである。体幹と手足をしっかり伸ばし，床面に対して反るような姿勢をとることが大切である。

◇この単元の前に，スクーターボードに乗って室内を移動する活動を行い，十分に慣れておく。壁を蹴ることが難しい場合は，子供に膝を曲げて足裏を壁に付けるよう言い，手を添えてその姿勢がとれるよう支援する。

◇子供の様子をよく観察すると共に，気付きやつぶやきに耳を傾け，うまくいったときはなぜうまくいったのか言葉で説明させる。難しい場合は指導者が伝える。言葉にすることで，よ

り自分の身体の動きや力加減に意識が向きやすくなる。

◇1回目で止まれたら○ポイント，2回目は○ポイント…などと決めておき，何点取れるか記録すると分かりやすく，目標値を設定すると励みになる。

〈指導助言〉作業療法士　石井早苗

58 くものす洗濯ばさみ取り

準備 大きめの作業机（子供の身体が余裕で入る程度），園芸用のネット（机を覆うことができるくらいの大きさ），いろいろな色と大きさの洗濯ばさみ各5個，洗濯ばさみを入れる箱，指令書

時間 15分　　　　　　　　　　　**形態** 個別・集団

■ねらい

机に自分の身体をぶつけないようにしながら，網に付いている洗濯ばさみを指令通りに取ることができる。

■指導の流れ

①設置図と役割分担表を提示し，用具の準備をする。

②行い方を説明する。

例 「机の中に入り，指令通りに洗濯ばさみを取って箱に入れます」

③活動のポイント，ねらいについて確認をする。ねらいは個々に伝えてもよい。

④活動を行う。指令は口頭で伝える。

例 1回目：「青3個，黄色2個，白4個」
　　2回目：「大きい青2個，ピンク4個，黄色5個」　など

⑤振り返りを行う。行ってみてどうだったか，難しかったところ，工夫したところなどを話し合う。動画を撮っておき，それを見ながら効果的な動きを確認したり，もう少し工夫できそうなところについて考えさせたりする。課題は次回のめあてとする。

⑥役割分担表に基づいて片付けを行う。

■指導のポイント

◇洗濯ばさみは，網の内側と外側，前後左右と空間全体に付けるようにする。

◇指令を書いたものを用意し，子供と見て答え合わせができるようにする。

◇子供の記憶の容量に合わせて指令の内容を調整し，「できた」で終われるようにする。

◇指令を忘れてしまったら再度聞いて確認するなどの適切な対処の仕方や，忘れないための工夫について子供の特性に合わせて一緒に考えたり確認したりして活用できるようにする。

◇子供の動きや身体の使い方をよく観察し，身体の使い方の評価も合わせて行う。

◇時間制限を設ける，タイムトライアルにする，などすると負荷が上がり，意欲付けになる。

◇「背中の暗号（No.62）」を行った後に行うと，動いているときの背中のイメージの把握につながりやすい。

〈指導助言〉作業療法士　石井早苗

59 リコーダー苦手っ子演奏会
～きみもベートーヴェン～

準備 リコーダー，ホワイトボード，ピアノ，ベートーヴェンの写真

時間 20分　　　　　　　　　　　　　**形態** 集団

■ねらい

自分の気に入った曲の一部を演奏することで，苦手な楽器演奏への抵抗感を減らすことができる。

■指導の流れ

①子供が聞いたことのある名曲や好きなアニメの曲等を聞かせ，演奏する曲を決めさせる。

②リコーダーで演奏できる音に変えた楽譜を用意し，教員が演奏する様子を見せる。

③担当する音や部分を相談して決め，ピアノ演奏に合わせてリコーダーを吹かせる。

④子供の実態に合わせて個別に練習をし，皆で合わせる。

⑤ビデオ撮りして自分たちの演奏を見せ，担任教員や音楽専科教員の前で発表する演奏会を設ける。

■指導のポイント

◇ベートーヴェンの交響曲第5番「運命」の一部を演奏する際は，「レ・レ・レ・シ（b）ード・ド・ド・ラー」と楽譜ではなく階名をホワイトボードに書いて提示すると分かりやすい。

◇演奏会の日程を事前に決め，それに向けてのスケジュールを示すと見通しがもてる。

◇演奏会では曲の紹介を子供が行い，人前で相手に伝える練習もするとよい。担任教員や音楽専科教員に通級指導教室でどんな学習をしているかを知ってもらう機会にもなる。

◇音楽の授業で演奏することが多いリコーダー，鍵盤ハーモニカの音を不快に感じてしまう子供（音過敏）もいることを音楽専科教員に理解してもらう。耳栓の使用や自由練習時間の場所の配慮などを検討してもらうことで，子供の授業参加状況がよくなることもある。

◇音楽会，卒業式等での演奏曲を通級指導教室で事前指導し，少しでも演奏できる箇所がある状態で音楽の授業に参加すると，苦手意識をあまり抱かずに臨むことができる。

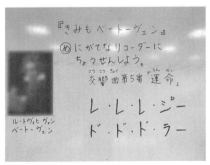

提示例

60 カードバトル
～説明文を読もう～

> **準備** 説明文の文章 A4, B4, A3を2枚, リーディングストリップ (市販のもの/画用紙で自作したもの)

> **時間** 20分　　　　　　　　　　　**形態** 集団

■ねらい

　文字を読むことに課題がある子供が, 自分に合った「読む」方法を知り, 活用につなげることができる。

■指導の流れ

①単元全体の流れと本時のねらいを確認する。

> ねらい　　説明文を読んで, 「カードバトル」をしよう

> ポイント　自分に合った方法で, 文章を読もう

②説明文を配付する。その学年で子供が使用している教科書と同じ文字の大きさのもの。

③1回目:子供が順番に「。」読みをしていく (一文ごとに読む)。

・教員は子供の読みの様子を確認する。目で文字を追うことができているか。文字を言葉のまとまりで捉えて読むことができているか。

④自分で使用したい文字サイズやリーディングストリップを選ぶ。教員から勧めてもよい。

・文字の大きさ (用紙の大きさ) は3種類。

・リーディングストリップ:市販のものや画用紙に穴をあけたもの。

⑤2回目:子供が順番に「。」読みをしていく。

⑥読みやすさについて, 違いがあったかを確認する。

⑦説明文「カードバトル」の活動をする。

⑧毎週, 該当の段落を読んでから活動する。単元全体を通して, 自分に合った読みの方法について理解を深めることができるようにしていく。

■指導のポイント

◇子供の興味関心を喚起するため, 説明文は「カードバトル」というカードを作って戦う, 教材の説明になっているものを作成した。その授業で扱う学習教材の説明文ならどのようなものでもよい。

リーディングストリップを用いて読む→

61 もっと，おたすけグッズを使おう

準備 子供用ワイヤレスヘッドホンまたはイヤホン，ワイヤレスマイク（子供用・教師用）

時間 10分 **形態** 個別・集団

■ねらい

周囲の聴覚刺激をシャットアウトして，聴くべき音（声）を聴き取ることができる。

■指導の流れ

①人の声や音に敏感な子供に，ヘッドホン使用について説明する。

②どの場面で必要なのかをよく聴き取り，実際の場面で試してみる。

> **例** 通級指導教室で小集団のとき，指導する教師がマイクを付けると，ヘッドホンを使っている子供は他の音が気にならず，ヘッドホンから聴こえる一斉指示が理解しやすい。

③ヘッドホン使用時にマイクをオフにして使う。耳から音の情報が入ってきにくくなり，集中しやすい。

> **例** ざわざわしている中で，計算プリントに取り組むとき，課題終了後の読書のとき等。

④野外で教師が遠くから指示するときに使う。大事なことを聞き逃さない。

> **例** 運動会等の屋外での活動のとき，教師がマイクを付けて話したことは，ヘッドホンを付けていると聞き逃さない。

■指導のポイント

◇在籍学級でのヘッドホン使用について，保護者と学級担任と話し合い，機器を使った学習に支障がないように配慮する。合理的配慮に関わるので，学校の管理職とも相談する。

◇機器の取扱いについては，子供と十分に話をする（スイッチのオン・オフ，電池も）。

◇ワイヤレスマイクを使用するため，音声（電波）の届く距離を確認しておく。

◇ヘッドホンとマイクの使い方について子供と毎回確認し，必要以上の支援にならないように留意する。

ヘッドホンとワイヤレスマイク＆イヤホン
（ワイヤレスマイクロホン（Bluetooth）・イヤホン（付属品）：SONY ECM-AW４）

ICT

1 健康の保持

2 心理的な安定

3 人間関係の形成

4 環境の把握

5 身体の動き

6 コミュニケーション

62 背中の暗号

準備 背中に数字が書いてあるイラスト

時間 10分　　　　　　　　　　　　　　　　　　**形態** 個別・集団

■ねらい

触覚を通して自分の背中への意識を高め，背中を把握する力を付けることができる。

■指導の流れ

①活動の概要を言葉と実演で説明する。

> **例** 「イラストの方を向いて立ちます。先生が背中を触るので，先生が何番を触ったのかを言葉で教えてください」

②背中に意識をもたせる。

・手のひら全体で上から下に少し圧をかけて子供の背中全体を触り，背中全体を意識できるように，また背中の刺激をリセットして，これから行うことに注意が向くようにする。次に，イラストに合わせて「ここが①番，ここが②番」と言いながら指１本で触り，位置を確認する。

③問題を出す。

・再度，背中全体を手のひらで圧をかけて触ってリセットし，「問題を出すよ」と声をかけ，注意を引いてから子供の背中に指１本でそっと触れ「何番でしょう？」と聞く。

④正解であったら「正解」，間違っていたら「残念。もう一度触るよ」と言い，再度触る。
　２回目も難しかったときは，正解を伝え，再度触って確認をする。

⑤子供の実態に合わせて難易度を変え，問題を複数出す。

> **例** ２回目は「２個触るよ」と言い，１点ずつ２か所触る，または２か所同時に触る，等

■指導のポイント

◇次の問題に移る前に，手のひら全体で背中全体を上から下に圧をかけて触ってリセットする。

◇触る箇所を複数にしたり，触った場所を逆から言わせたりすると注意や記憶への負荷が増す。また数字が書かれたスポットマーカーを足元に置き，それを両足でジャンプして足で踏んで答えさせると，記憶と方向を意識して身体を動かすことをねらったものにもなる。

◇この後「くものす洗濯ばさみ取り（No.58）」を行うと動きの中で背中を意識することにつながる。

〈指導助言〉作業療法士　石井早苗

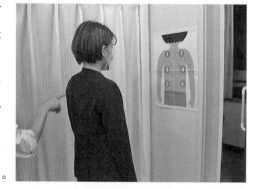

全体に圧をかけている様子

63 ざらざら文字なぞり

準備 紙やすり，白抜き文字，ワークシート（文字を書く練習の用紙）

時間 5〜15分 　　　　　　　　 **形態** 個別

■ねらい

触覚を活用して文字の形を捉えることができる。

■指導の流れ

①習得したいひらがなの白抜き文字を提示し，読み方を確認する。

例 「（「し」を提示して）これは，何と読みますか。そうです。"し"ですね」

②ひらがなに，適度な大きさに切った紙やすりを貼り付けさせる。

例 「やすりを貼って，ざらざら"し"を作ろう」

③指で形をなぞる。

一度指導者がやって見せ，その後，子供になぞらせる。

④ざらざら文字で確認した文字を書く練習をする。

最初はなぞって書くことから始め，徐々に手掛かりを減らし最終的には手掛かりなしで書く。

⑤書けたら，他の書ける文字と組み合わせてできる言葉を書くなどして習熟を図る。

■指導のポイント

◇指導時間が短ければ，指導者がやすりを文字に貼ったものを用意しておいてもよい。

◇やすりを貼る以外にもシールを貼る，粘土で文字を作る，短いスティックで文字を作る，砂に指で書く，水黒板に毛筆で書く，などいろいろな感覚を活用してその子供の捉えやすい感覚を探せるとよい。砂文字板，みぞ彫り文字板などの教材も出ているので活用するとよい。

◇書くことに抵抗がある場合はホワイトボードを活用すると抵抗感が減る。

◇文字を覚えるときは，その子供の得意な方略も合わせて提示するとよい。

例 「だらーんとしたしっぽの"し"」という言葉とイラストを提示するなど

紙やすりを貼ったもの

〈指導助言〉作業療法士　石井早苗
〈参考文献〉細村迪夫・松井茂昭・海苔由宏編著『学習レディネス指導シリーズ2　書きを育てる』コレール社

64 よく聞くかるた

準備 かるたカード（絵札×人数分のセット，読み札×1セット），机・椅子（人数分）

時間 15分　　　　　　　　　　形態 集団

ICT

1 健康の保持

2 心理的な安定

3 人間関係の形成

4 環境の把握

5 身体の動き

6 コミュニケーション

■ねらい

　読み札を最後までよく聞かないと，どの絵札を取るか分からない「かるた取り」ゲームを通して，大事なところを意識して聞き取り，次の行動に生かす力を養う。

■指導の流れ

①ルールを説明する。

・机に並べた絵札が子供に見えないように椅子を置いて座る。

・読み札を最後まで聞いて，覚えておく。 例「大きな」「赤い」「しかく」

・先生の「はい」という合図を聞いてから，自分の絵札を取りに行く。

・絵札を取ったら，自分の席に戻る。

・子供の取った絵札が読み札と合っているか確認する。

※何の読み札だったかを子供の方から言わせて確認するのもよい。

②絵札を並べる机や札を協力して準備する（1人に対して絵札を1セット用意する）。

③ゲームを進行する。

指導のポイント

◇最後まで集中して聞き，合図があるまで「待つ」ことを意識させるようにする。

◇聞き逃したときは，挙手して聞き直せるルールにする。

◇ヒントが覚えられない場合は，覚えやすい方法を提案する（繰り返し唱える，頭文字で覚えるなど）。

◇アレンジ①：子供の実態に合わせて，札の枚数を調整する（覚えるヒントを3→2つに減らす，絵札の種類を減らすなど）。

◇アレンジ②：子供ごとに異なる絵札を並べる（読んだ読み札に対応する絵札が自分の机上にないこともある）。

配置例

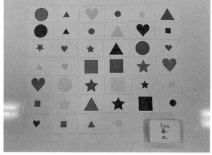

絵札・読み札

〈参考文献〉上野一彦監修，岡田智ほか著『特別支援教育をサポートするソーシャルスキルトレーニング（SST）実践教材集』ナツメ社

65 すまいるクエスト

準備 マット，段ボール，起き上がりこぼし，ジョイントレール，カラーコーン，エバーマット，机，バランスクッション，跳び箱，調整板，座布団，人工芝，チャンバラの剣，目隠し

時間 20分　　　　**形態** 集団

■ねらい

　用具の配置を理解して言葉で状況を説明したり，説明を受けて場を想像しながら体を動かしたりできる。

■指導の流れ

①事前に場の設定をしておく。

②ルールを説明する。

・勇者…障害物を通り抜ける役

・サポーター…勇者に口頭で指示を出す役

・得点係…勇者の得点を計算する係

・勇者は，目隠しをしてサポーターの指示を聞いて障害物を進む。エリアごとに得点が定められていて，落下したりミッションに失敗したりした分だけ得点が引かれる。

③振り返りを行う。

・得点の発表，それぞれの役目としてがんばったこと，互いのよかった点などを交流する。

■指導のポイント

◇使用する用具は，学級にあるものを適宜使用する。

◇潜り抜ける，バランスをとる，一定のリズムで揺れるものを叩くなど，様々な動きを取り入れる。

◇サポーターの口頭指示の話型を掲示するなど，実態に応じた支援を行う。

◇実態に応じ，最初は得点計算をなくし，各エリアをクリアできたかという点から始めてもよい。

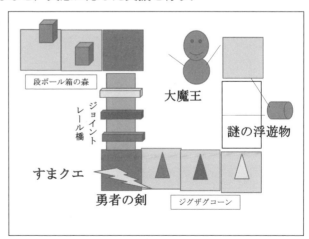

場の設定図

66 たこちゃんスイカ割り

(準備) 足付きGボール，目隠し，チャンバラの剣，ルール表

(時間) 15分　　　　　　　　　　　　　(形態) 集団

■ねらい

　方向や距離を言葉で指示したり，指示された内容を受けて空間を想像しながら動いたりできる。

■指導の流れ

①ルールを説明する。

・隊長……言葉でGボールの位置を伝える。何回伝えてもよい。

・隊員……目隠しをする。スタートで10回，回る。隊長に言われた通りに動く。

・司令官…ゲーム中は静かに見守る。アドバイスタイムで，隊長と隊員にアドバイスをする。

・隊員がGボールを叩くことができたら，ゲームクリア。

②ゲームをする。

・毎回アドバイスタイムを設ける。

・役割を交代して繰り返し取り組む。

③振り返りをする。

■指導のポイント

◇「○○さんから見て右の方に」「大股３歩進む」
　など，具体的な指示の仕方の例を示しておく。

◇ゲーム中，教員はそれぞれの子供の補助にあたる。
　特に，司令官役の子供に対しては，アドバイスタ
　イムで発表する内容の視点を明確にできるように，
　他の子供のよい点や改善点について一緒に考える。

◇実態に応じ，障害物を置くなどして難易度を調整
　するとよい。その際，障害物を避けるような指示
　を出すように指導する。

拡大掲示物

82

67 「いないこだ～れだ！」

準備 数種類の生き物のカード（「いないこだ～れだ！」（北星社）のカード）

時間 20分 　　　　　　　　　　　　**形態** 小集団

■ねらい

注意力・集中力を付け，色や形を見分ける認知力を養う。

■指導の流れ

①全体のめあてと個々のめあてを確認する。

②ルールの説明をする。

・5色に色分けされた5種類の生き物カードを並べる（色と生き物ごとに整列させて並べる）。

・「いないこだれだ」と言いながら，問題カードを順番にめくる。

・問題カードに使われていない色と生き物を探し出し，より早く正解を見つけた人は生き物カードを取ることができる。

・問題カードがすべてなくなるまで続け，手持ちのカードが一番多い人が勝ちとなる。

③個々のめあてが達成できたかを振り返る。

■指導のポイント

◇色と生き物ごとに整列させてあっても素早くカードの違いを見分けるのはなかなか難しいため，子供の力の差が大きいようであれば，順番に1人ずつ取る形にし，他の子供はその間待つようにしてもよい。

◇慣れてきて取ることが易しくなれば，カードを自由に置き難易度を上げることもできる。

カードゲーム「いないこだ～れだ！」（北星社）

ゲームに参加する児童の様子

ICT

1 健康の保持

2 心理的な安定

3 人間関係の形成

4 環境の把握

5 身体の動き

6 コミュニケーション

68 タイムアタック

準備 | タブレット，Google Classroom，タイマー（タイムタイマー），スピーチの話型（紙やホワイトボード等に掲示）

時間 | 15分　　　　　　　　　　　　形態 | 個別・集団

■ねらい

時間的な感覚を養い，テーマに沿って要領よく話すことができる。

■指導の流れ

①時間の感覚を養うため，時計を見ながら10秒間，30秒間，1分間を体感する。

②時計は見ないで「タイムアタック」（時間当てクイズ）を行う。

　例 「目をつむってください。10秒タイムアタックを行います。ちょうど10秒だなと思うところで手を挙げてください」

③「タイムアタック」の時間を徐々に長くして，1分間の感覚をつかませるようにする。

④時間の感覚が分かってきたら，時間内に収まる分量のスピーチ内容を考える。

⑤要領よく，相手に伝わるようにするために，話型を用いてスピーチを行うことを指導する。

　例 「これからスピーチを始めます」「夏休みに楽しかったことは…」

⑥スピーチする時間を徐々に延ばし，1分間に収まるような内容を考える。文章構成や言葉の使い方は相談に乗り支援する。

⑦スピーチの始まりと終わりに聞き手は拍手する。

■指導のポイント

◇発達段階に応じて，スピーチの時間や話す内容を調節する。

◇スピーチのテーマに沿って，自分が一番話したいことが適切に相手に伝わるように，文章構成や言葉選びの支援をする。

◇話し始めと終わりがはっきり分かるようにスピーチさせる。

◇質問する場合は，的外れにならないように，予め質問の仕方について学習しておく。

◇普段のスピーチでは，前週にテーマをタブレット等で発表し，個別学習の時間に事前に準備する。

タイムタイマー（TIME TIMER 社）

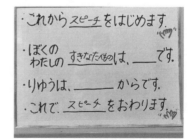

スピーチの話型例

69 何からやるか？
～５分休みの過ごし方～

準備 ワークシート，タイマー

時間 20分×２回　　　　**形態** 個別・集団

■ねらい

時間の感覚を知ることができる。限られた時間の中で，物事の優先順位を考えて活動することができる。

指導の流れ

①全体のめあて（５分休みに何をどの順番でやるといいかを考えよう）を確認する。

②自分のやることにどれくらい時間がかかるかを予想する。

例 教科書をしまい，次の授業の準備をする。／水道まで手を洗いに行って戻ってくる。

・時間を予想してワークシートに書き込む。

・やってみる（教員が時間を計測する）。

・実際にかかった時間を知る。

③５分休みの過ごし方を考えよう。

・５分休みに行うことを，項目立ててワークシートに書く。必要事項は予め記入しておく。

④５分間という時間の中で，各項目にどのくらい時間がかかる（をかけて行う）かを考える。その後，ワークシートの帯グラフに教員と一緒に整理して記入する。

⑤５分間で考えたスケジュールで動いてみる。

⑥振り返りを行う。

ワークシート　時間の使い方

■指導のポイント

◇20分間程度×２回で行う。

１回目：ワークシート①②（時間感覚を知る），２回目：ワークシート③（優先順位を考え，グラフに書いてみる）

手を洗うの１分くらいかかる？

70 ぐるぐるチャレンジ

準備 チャレンジ表（自作），タオル2本（先を結んで重さを出す），フラフープ

時間 10分　　　　　　　　　　　　　**形態** 個別・集団

ICT
1健康の保持
2心理的な安定
3人間関係の形成
4環境の把握
5身体の動き
6コミュニケーション

▌ねらい

　両手や上肢・下肢を協調的に動かす力，関節を大きく動かす力，リズムよく跳ぶ力，手首などの関節を柔軟に動かす力を習得することができる。

　短縄跳びにつながる身体の動かし方を習得することができる。

▌指導の流れ

①活動のねらいを確認する。

②チャレンジ表を見ながら，運動に取り組む。

・ぐるぐる体操

　→肩を大きく回す運動。前回し・後ろ回しのそれぞれを行う。

・のびのび体操

　→手足を思い切り伸ばしたり脱力したりする。

・タオルぐるぐる

　→先を結んだタオルを両手に持ったまま腕を回しまたぎ越す。

・タオルぴょんぴょん（ジャンプなし）

　→先を結んだタオルを片手に持ち，手首を使って回す（タオルは，結んでいない方を持つ）。

・タオルぴょんぴょん（ジャンプあり）

　→タオルを回すリズムに合わせてジャンプをする。

・フープぐるぐる

　→フラフープで，前跳びや後ろ跳びをする。

③振り返りを行う。

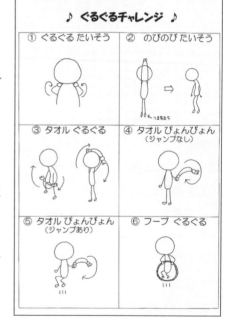

♪ ぐるぐるチャレンジ ♪

① ぐるぐる たいそう
② のびのび たいそう
③ タオル ぐるぐる
④ タオル ぴょんぴょん（ジャンプなし）
⑤ タオル ぴょんぴょん（ジャンプあり）
⑥ フープ ぐるぐる

チャレンジ表

▌指導のポイント

◇鏡を見ながら取り組んだり運動している様子をビデオに撮ったりすることで，自分の身体の動かし方を意識できるようにする。

先を結んだタオル→

71 ぞうきんウォーク

準備 ぞうきん，ビニールテープ

時間 10分　　　　　　　　**形態** 個別・小集団

■ねらい

姿勢や身体部位を意識しながら動かすことで，ボディイメージを高めることができる。

■指導の流れ

①全体のめあてや個別のめあてを確認する。

②「ぞうきんウォーク」の動きとポイントを確認する。

・ぞうきんをおしりの下に敷いて，ひざを曲げ，手は後ろについて前に進む。

・ポイントは，ぞうきんがおしりから離れないようにすること，ひじを伸ばして床を押し，ひざは曲げ伸ばしして前進することであると伝える。

・動かしている箇所（おしり，ひじ，腕，ひざ等）を意識するよう伝える。

③ゴールまでたどり着いたら，スタートまで歩いて戻ってくることを確認する。

④全体のめあてや個別のめあてを振り返る。

■指導のポイント

◇活動に慣れたらレース形式にしたり，曲線コースや障害物を置くなどコースの工夫をしたりすると，より楽しみながら身体を動かすことができる。

◇動きのバリエーションがあると飽きずに取り組むことができる。

【ぞうきん踏み歩き】

・両足でぞうきんを踏む→左右に腰をひねるようにしながら少しずつ足を前に動かして進む。

【シャクトリムシ歩き】

・ぞうきんを2枚用意する。　四つ足歩きの体勢になり1枚は両手，もう1枚は両足。

・体勢が崩れない程度に両手を前進させた後に両足を引き寄せ，シャクトリムシのように進む。

基本形

ぞうきん踏み歩き

シャクトリムシ歩き

ICT

1 健康の保持

2 心理的な安定

3 人間関係の形成

4 環境の把握

5 身体の動き

6 コミュニケーション

72 リズムでダンス体操

準備 「EXダンス体操」DVD/CD，DVDプレイヤー，モニター，動画撮影用カメラ

時間 10分　　　　　　　　　　　　　　　　**形態** 個別・集団

■ねらい

リズムに合わせて動きを模倣することで，自分の思うように身体を動かすことができる。

■指導の流れ

①初回は，大型モニターで動きや流れを確認する。

②ダンス体操をするのに適した，十分な間隔を確保する。

③DVDの映像はモニター等を使い拡大して見やすくし，リズムがよく聞こえるように音量を調節する。

④DVDを再生し，リズムに合わせて身体を動かす。

⑤その日ポイントにしたい動きを1つ〜2つに絞り，そのダンスのところのみ教師が身体の動きを言葉で伝える。

> **例** 「両手を大きく広げ，腕をねじる」運動のところで「肩甲骨の動きを意識しましょう」と声をかける。

⑥深呼吸をしっかりとさせて，運動後は水分補給をする。

■指導のポイント

◇運動前の準備運動や，活動の合間に行う運動として取り入れる。

◇子供全員が，DVDの映像がよく見えて，音が聞きやすいように場の工夫をする。

◇ダンスをしたくない子供や，動きが難しい子供は，後方から見て自分なりの動きができればよい。徐々に部分的にでも参加できるようにする。

◇定点ビデオカメラで動画を撮って見る時間を設ける。自分の動きと友達の動きを確認する時間を設けることで，友達と一緒に身体を動かす楽しさにつなげる。

〈教材〉EXILE USA「EXダンス体操」（エイベックス・ミュージック・クリエイティヴ（株））

73 火山の爆発を止めよう

準備 平均台，カラーコーン（いろいろな色があるとよい），輪（カラーコーンの色に対応したもの，玉でも可），設置図，分担表，サーキットボール

時間 20分 **形態** 個別・集団

▌ねらい

不安定な場所でも姿勢を保って目的の行動を行うことができる。

▌指導の流れ

①準備体操をし，設置図と分担表に従い場を設置する。

②行い方について説明をする。

例 「ここは海底火山がそびえる海です。火山が爆発しないように平均台の上に置かれた火山と同じ色の輪を，平均台から落ちないように取り，火山のてっぺんにはめます」

③活動のめあてを確認する。活動する直前に個別に行ってもよい。

④活動を行う。

・できれば2回行う。1回目は子供がどのように行うか，姿勢やバランスをとる様子はどうか，などを観察する。2回目は1回目の様子に合わせて輪の数を増やす（減らす），置く位置を変える，片手に1つしか持てないなど，難易度を変えて行う。

⑤振り返りを行う。

・うまくいったところ，難しかったところなどを確認する。難しかったところは，次回のめあてにするとよい。

⑥設置図と分担表をもとに片付けをし，整理運動をする。

▌指導のポイント

◇平均台の上を安定して歩くことができるようになった段階で行う。

◇同色のカラーコーンの上に同色の輪をはめる設定にすることで，輪やカラーコーンを置く位置により，平均台の上を行ったり戻ったり，慎重にはめたりするなど負荷の調整ができる。

◇姿勢の保持や姿勢のコントロールが難しい子供には，輪を平均台の上に置かず，指導者が手渡してもよい。また，慣れてきたら輪を置く位置を平均台の下にする，平均台の上に障害物を置くなどすると「5 身体の動き (5)作業に必要な動作と円滑な遂行」のねらいにもなる。

◇バランスをとることが苦手な子供には指導者が付き，手を添えるなどして支援する。また，「4 環境の把握 (2)感覚や認知の特性についての理解と対応」と合わせて指導する。

〈指導助言〉作業療法士　石井早苗

ICT
1 健康の保持
2 心理的な安定
3 人間関係の形成
4 環境の把握
5 身体の動き
6 コミュニケーション

74 ビジョンサーキット

準備 ワンダーボール（ペット用電動ボール，箱），ぬいぐるみキャッチ（ぬいぐるみ），いちごケーキ（いちごケーキのゲーム，ホビー用ターンテーブル），スラップタップ（参考文献のワークシート），タブレット，マーカー

時間 5〜20分　　　　　　　　　　**形態** 個別・集団

■ねらい

目と手の協応した動きに楽しく取り組むことができる。

■指導の流れ

①「ビジョンサーキット」は，サーキット運動を行う際に取り入れて行う。

②個別あるいは全体のめあてを確認する。

③個に応じた「ビジョンサーキット」の仕方は下記である。

※眼球運動が弱い子供対象のサーキット1「ワンダーボール」

・ボールを目の動きだけで追視させ，箱の中を動き回るボールの中心を指で押さえる。

・左右両方の手で行う。慣れてきたら，ボールを増やすなど難易度を上げる。

・箱の大きさでも難易度を調整することができる。

※眼球運動が弱い子供対象のサーキット2「ぬいぐるみキャッチ」

・天井より吊るしたぬいぐるみを振り子のように左右に動かす。

・ぬいぐるみを目の動きだけで追視し，キャッチする（手，かご，紙コップなどを使う）。

・慣れてきたら，ハンガーを上下させたり，バランスボード上で行わせたりする。

※目と手の協応が弱い子供対象のプログラム「いちごケーキ」

・回転する台上のケーキの指定された箇所にいちごやろうそくを立てる。

・慣れてきたら，台上にペットボトルの蓋や木のブロックを置き，その上に置くようにする。

※視知覚認知が弱い子供対象のプログラム「スラップタップ」

・机や台を中心で縦に区切る。ビニールテープなどで40cmくらい。

・見本のワークシートを見て机をリズムよく叩く。

■指導のポイント

◇安全面の配慮からSTには自分の担当児童と一緒に移動させる。1対1で回るか，複数の子供と移動する場合は一度に1人ずつ等とする。

◇目の動きを練習した後に，身体の動きと目の動きを同時に練習できるようにできるだけ続けて設置する。

例 ワンダーボールからトランポリン，ぬいぐるみキャッチから平均台

◇活動ごとにレベルを設定し，自分に合った活動を選んだり，意欲的に活動できたりするようにする。

◇休憩ゾーンを設け，気持ちを落ち着かせたり，上手にできている友達の動きを見たりできる

（左端縦書き）

ICT

1 健康の保持

2 心理的な安定

3 人間関係の形成

4 環境の把握

5 身体の動き

6 コミュニケーション

ようにする。

◇活動場所の前にマーカーを置き，自分の目標を確認したり，息を整えてから取り組んだりできるようにする。

◇どんな運動をするかや，そのやり方をその場で確認することができるように，タブレットに動画や掲示物の写真を保存しておくことで，効率的に回ることができる。

◇「お先にどうぞ」をキーワードに何度も回りたい子供も，１つの場所でゆっくり取り組みたい子供もどちらも気持ちよく活動できるようにする。

◇休憩ゾーンで座ってできる活動も用意する。

例 スズランテープキャッチ（手や箸），棒キャッチ

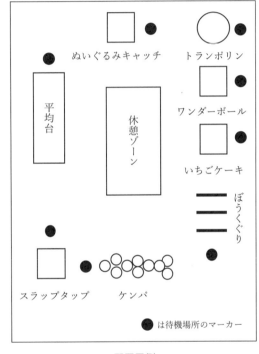

配置図例

ウッドゲーム「いちごケーキ」
（平和工業㈱）

〈参考文献〉奥村智人ほか著『学びにくい子どもと教室でできる！〈プチ〉ビジョントレーニング』明治図書

75 パズルづくり

準備 カレンダー等の写真や図柄の付いた紙（紙が薄い場合は厚紙を用意する），はさみやカッターナイフ

時間 15分　　　　　　　　　**形態** 個別・集団

■ねらい

はさみの使い方に慣れながら，オリジナルのパズルを作ることができる。

■指導の流れ

①自分がパズルにしたいと思う図柄の紙を選択する。自作の絵でもよい。

②発達段階に応じて，ピースの数を相談して決める。

③どの部分を切り分ける境にするか考えて，ピースの形を決める。

④切るところに線を描く。

⑤図柄が描かれている紙が薄ければ，裏面に厚紙を貼る。

⑥線の上をはさみで切る（切りにくければ，カッターナイフで切れ目をつけておくとよい）。

⑦すべて切れたら，ピースをつなげて図柄を完成させる。

■指導のポイント

◇指導の度に少しずつ，画用紙等のやや厚めの紙をはさみで切る練習をしておくとよい。

◇まず，はさみを正しく持ち，手を開く・閉じる動作を行う。連続切りができるようにする。

◇発達段階に合わせて，ピースの形を決め図柄に線を描く。この場合，図柄に関係なく，一律に正方形や三角形などの形に切る方法と，図柄を見て自由に切り取り線を描いて切る方法のどちらでもよい。

◇手指の動作に慣れてきたら，手元のどこを見るのかを具体的に示す。

> 例 「はさみが切っているところと線が重なるところを目で追っていきましょう」と指でさし示す。

◇パズルの図柄は，馴染みのあるキャラクターの絵や，好きな乗り物の写真などを使うと，出来上がりが想像できるので親しんで活動に取り組むことができる。

◇パズルの素材はやや厚手の方がパズルとして扱いやすいが，あまり厚手の紙だと子供だけでは切ることができず，自分が作ったという達成感をもちにくい。子供が扱いやすい適度な厚さを選ぶ。

パズル用の厚紙例

76 つまんで洗濯ばさみ

準備 洗濯ばさみ（いろいろな強度のものがあるとよい），紙皿に色シールを貼ったものや動物の形をした厚紙，ビー玉，ビー玉を入れる箱2個

時間 10分　　　　　　　　**形態** 個別・集団

■ねらい

親指と人差し指で物をつまむ力を高めることができる。

■指導の流れ

①活動のねらいを伝える。

・親指と人差し指でつまむ力を付けることで，鉛筆がしっかり持てるようになったり，手が上手に使えるようになったりすることを伝える。

②指の体操をする。

・右手の指を一本一本左手で握る。右手が終わったら手を交代して左手も同じように行う。

・次に親指と人差し指，親指と中指…というように一本一本親指と対立させる動きをする。片手ずつ，目で見て確認しながら，できたら両手で，最後は指を見ないで行う。

③洗濯ばさみを使って遊ぶ。その際，必ず親指と人差し指でつまむように伝える。

> **例**　・ライオンのイラストを印刷した厚紙を渡し「たてがみをたくさん付けよう」
> 　　　・洗濯ばさみで作った作品の写真を見せて「いろいろ作ってみよう」
> 　　　・洗濯ばさみのつまむ方でビー玉をはさんで，目的のところまで運ぶ。「洗濯ばさみUFOキャッチャーだよ。○分間で何個移動できるかな」

④振り返りをする。活動中よかったところ，成長した点などについて確認する。

■指導のポイント

◇子供が好きなキャラクターなどを用意すると，意欲的に取り組むことができる。

◇洗濯ばさみのつまむ側でビー玉をはさむと，より親指と人差し指でつまむ力が必要になる。

◇洗濯ばさみを使った共同制作を行うと，「3 人間関係の形成」や「6 コミュニケーション」と関連付けて指導することができる。

洗濯ばさみアート

UFOキャッチャー

共同制作の例

〈指導助言〉作業療法士　石井早苗

77 コロコロキャッチ

準備 机（ある程度長さがあるとよい），ビー玉（10個程度），空き缶，計量スプーン（深めのもの），カラーテープ

時間 10分　　　　　　　　　　　**形態** 個別

I・C・T

1健康の保持

2心理的な安定

3人間関係の形成

4環境の把握

5身体の動き

6コミュニケーション

■ねらい

目で物を見続ける力と，視覚情報に合わせて手をコントロールする力を付けることができる。

■指導の流れ

①「コロコロキャッチ」の仕方を説明する。

> 例 （子供に入れ物を1つ持たせてから）「今から先生がビー玉を転がします。○さんは，そのビー玉が机から落ちないように手に持った入れ物でキャッチします。10個転がします。いくつ取れるかな。やってみましょう」 → 言葉だけで難しい場合は実演する。

②「コロコロキャッチ」を行う。

・最初はゆっくり，利き手側の方に転がす。様子を見てビー玉を転がす速度を速めたり，利き手側と反対側に転がしたりする。その際，目の動かし方，手の使い方，姿勢，失敗のパターンなどについて観察して状態を把握し，なるべく成功するよう転がし方を調整する。

・うまくできたら非利き手でも実施する。

・非利き手もできたら，左右に入れ物を持たせて実施する。その際，入れ物に色違いのテープを貼り，指導者が言った色の入れ物でビー玉を取るようにしてもよい。

③振り返りを行う。楽しかったところ，難しかったところなどについて子供の感想を聞き，次時に生かす。指導者からは集中して見ることができたことなどよいところを具体的に伝える。

■指導のポイント

◇楽しく実施できるよう，子供の興味あることに関連付けてストーリーなどを設定するとよい。

◇役割を交代して行うと力の調整の学習にもなる。

◇慣れてきたら，入れ物を小さくして難しくする，2つ同時に転がす，途中に障害物を入れてビー玉のコースが変わるようにするなどすると難易度が高まり楽しく実施することができる。

キャッチする道具の例

活動のイメージ

〈参考文献〉奥村智人著『教室・家庭でできる「見る力」サポート＆トレーニング』中央法規

78 わにわにパニック

準備 リズム太鼓，跳び箱の1段目などの飛び乗れるもの，滑り止めシート

時間 10分　　　　　　　　　　　　　　　**形態** 集団

▌ねらい

　音に合わせて身体を動かしたり，合図に合わせて台に飛び乗って静止したりするなど，身体の動かし方を調整することができる。

▌指導の流れ

①ルールを説明する。

・リズム太鼓に合わせた歩き方をする。

　　ゆったりリズム（ドーンドーン）…大股で歩く。

　　基本のリズム（ドンドンドンドン）…手足を振って行進する。

　　速いリズム（トトトトトト）…素早く走り回る。

　　跳ねるリズム（トントトントト）…スキップをする。

・ドドン！の合図があったら，近くにある台に飛び乗って静止する。

　　他の人が乗っている台には乗ることができない。

②それぞれの動きの練習を行う。

③活動に取り組む。

④振り返りを行う。

▌指導のポイント

◇リズム太鼓に合わせて動く際には，部屋の中を自由に動けるように十分なスペースを確保する。

◇飛び乗った際に，勢い余って台から落ちてしまわないように，事前にドドン！の合図で立ち止まる練習をしておくとよい。

◇いち早く台に乗りたくて台の周りだけを移動している子供がいる場合，教員が一緒に参加をして場に動きをもたせたり，手をつないで様々な位置に連れて行ったりするとよい。

◇飛び乗れる台の数を参加人数より少なくし，乗れなかった人は「わに」（教員）に食べられるという設定にすると，盛り上がる。

◇床が滑りやすい場合には，台の下に滑り止めシートを敷いて安全面に配慮する。

場の設定例→

ICT

1 健康の保持

2 心理的な安定

3 人間関係の形成

4 環境の把握

5 身体の動き

6 コミュニケーション

79 輪ゴムかけ

準備 輪ゴムかけセット（見本の絵，ピンボード，輪ゴム大中小各6色）

時間 10分　　　　　　　　　　　　　　**形態** 個別

▋ねらい

両手の指先を使って輪ゴムを伸ばしたり押さえたりしながら形を作ることで，手先の巧緻性を高める。

見本通りに輪ゴムをかける練習を通して，空間認知力を高める。

▋指導の流れ

①輪ゴムかけセットを用意し，やり方を説明する。

「見本と同じ形になるように，ピンボードに輪ゴムをかけます」

②見本の形を選び子供に渡す。

③使用する輪ゴムを準備する。

④ピンボードに輪ゴムをかける。

・輪ゴム同士重なっているところは，どの輪ゴムからかけたらよいか考えさせる。

・輪ゴムを押さえる力が弱い場合は，教師が押さえてあげる。

⑤答え合わせをする。

▋指導のポイント

◇本活動に入る前に，輪ゴムを引っ張ったり押さえたり，物を束ねたりするなど輪ゴムに触れる機会をつくっておくとよい。

◇輪ゴムかけセットは，市販されているものを使用してもよいし子供に作らせてもよい。ピンボードは，100円ショップに売られている有孔ボードに木製ダボをさし込むことで作ることができる。

◇見本通りに作れるようになったら，子供にオリジナルの模様を描かせてもよい。

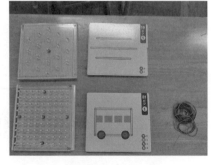
見本の絵・輪ゴム

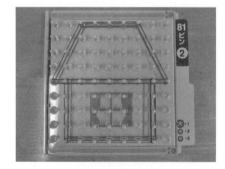
ピンボード

〈教材〉「わごむパターンボード」（くもん出版）

80 ビジョントレーニング

準備 異なる目印の付いた棒（色違いのペンでも可）２本，トランポリン，矢印カード，視線迷路カード，バラバラ数字表，長机，ビー玉，紙コップ２個（大小）

時間 20分　　　形態 個別

■ねらい

見る力や目と手の協応動作を高めるためのビジョントレーニングに取り組むことができる。

■指導の流れ

子供の状態に応じて，以下のビジョントレーニングを組み合わせて行う。

・トランポリン＋矢印体操【注視，目と手の協応】

例 提示された矢印と同じ方向，または反対方向を両腕と声（「右，左」）で示す。

提示された矢印と同じ方向を声で，反対方向を両腕で示す（または，その反対）。

・目の体操　※顔を動かさずに，眼球を動かして指定された目印を見るように指導する。

【跳躍性眼球運動】指定された方を見る（左右，上下，斜め，遠近）。

【追従性眼球運動】指導者は目印を動かして，子供はその目印を目で追い続ける。

目印は，左右，上下，斜め，円の方向にゆっくり動かす。

・視線迷路【追従性眼球運動】　※同じマークからマークまで，目で追う。

・数字さがし【跳躍性眼球運動】　※１から20まで順番に数字を見つける。

・ビー玉キャッチ【追従性眼球運動，目と手の協応】　※長机の両端に立ち，一方がビー玉を転がして，一方が紙コップで受け取る。

■指導のポイント

◇目の体操や視線迷路は目がとても疲れやすいので，子供の様子を見ながら回数や時間，活動メニューの順番を調整する。

◇目の体操では，スムーズに眼球を動かすことがとても難しいため，子供はやっているつもりでもできていないことがある。しかし，できていないことを指摘するのではなく少しでもよくなった点を褒めて励ますことで，継続してトレーニングできるようにする。

◇眼球運動は平衡感覚との関連性が高いため，感覚統合と併用するとよい。

〈参考文献〉北出勝也監修『[日めくり] 子どもの「ビジョントレーニング」』PHP研究所

81 スクウェアタグ

準備 ケンステップやマーカーなど立つ場所を明確にするもの（25個くらい）

時間 15分　　　　　　　　　　　　　　　　　　形態 集団

■ ICT
1 健康の保持
2 心理的な安定
3 人間関係の形成
4 環境の把握
5 身体の動き
6 コミュニケーション

■ねらい

周りを見て，状況に合わせた適切な言動ができる。

■指導の流れ

①全体のねらいを板書し，一人一人のねらいを決める。

②「スクウェアタグ」ゲームのルールを説明する。

・逃げる人3〜4人に対して，鬼は1〜2人。参加人数を増やす場合は場も大きくする。

・合図に合わせて，全員が同時に立っている場所から1マス隣のケンステップに移動する。

・鬼の隣のマスに移動してしまったり，他の人と同じケンステップに移動したりしたら，アウトとなり，退場する。

・制限時間内に，鬼に捕まらなかったら，成功。

③うまくいく方法を考えて，グループの友達にアドバイスを伝える。

・鬼の動きを見て動く。「鬼の動きを予想して動こう」

・全体の動きを見て，アドバイスする。「散らばって立つといいよ」

・グループで相談する。「鬼や相手の動きを見ながら，動く場所を決めよう」

④ゲームをする。

⑤個々のねらいが達成できたか，振り返りをする。

■指導のポイント

◇活動しやすいよう難易度を調整する。

　例 移動できるマスを増やす（前後左右＋斜め），鬼の数を増やす，など

◇子供同士が関係を深めることができるようにする。

・友達に合わせた意見の伝え方を考えるよう声かけをする。

・難易度の変更など自分たちでより楽しく活動できるようなやり方を考える機会を設定する。

場の設定

82 なわとびバリエーション

準備 大縄跳び用の縄，短縄，ダブルダッチ用の縄，動画撮影用のビデオカメラ

時間 10〜15分 **形態** 集団

■ねらい

その場で跳ぶことから，移動して跳ぶ，自分で縄を回して跳ぶ等段階を経て跳ぶことで，自分の身体をコントロールして動くことができる。

■指導の流れ

①真っ直ぐ床に置いた，長縄の上を跳び越える。

②くねくね（ヘビ），ゆらゆら（波）する縄の上を跳び越える。

③床から少し浮いている縄を跳び越える。

④移動する縄を跳ぶ。慣れてきたら，自分は動かずにその場で跳ぶ。

⑤縄を持つ人の方を向いたまま，左右から来る縄をその場で跳ぶ。

⑥「大波小波でぐるりと回してネコの目」と歌に合わせて跳ぶ。「ゆうびんやさん」も同様に行う。

⑦ここまでできるようになったら，「8の字」を体育の学習指導に沿って指導する。

⑧「8の字」で回る縄に入れるようになったら，ダブルダッチに挑戦する。短縄の場合，④のその場で跳ぶことに慣れてきたら，片手に短縄を持って跳ぶタイミングに合わせて，短縄を回す動きを繰り返す。後は，体育の学習指導に沿って指導する。

■指導のポイント

◇子供の運動能力に応じて，活動内容を設定する。

◇その場で両足で跳ぶところから，両手を回すことを組み合わせて，短縄跳びにつなげていくとよい。

◇ダブルダッチは，教師が2本の縄を適切に回すことが重要である。

◇撮影した動画で跳び方を確認することは，他児のよいところを見つけて発表したり，自分の次の目標を立てたりするのに有効である。

長縄跳びからダブルダッチへ

ICT

1 健康の保持

2 心理的な安定

3 人間関係の形成

4 環境の把握

5 身体の動き

6 コミュニケーション

83 キノコタッチ

（準備）キノコの絵に数字（1～6程度）を書いたもの，ガムテープ，スポットマーカー（スタート位置のマーク）

（時間）10分　　　　　　　　　　　　　　　（形態）集団・個別

ICT
1 健康の保持
2 心理的な安定
3 人間関係の形成
4 環境の把握
5 身体の動き
6 コミュニケーション

▌ねらい

友達にぶつからないように走ったり，いろいろな場所に貼られた数字を指示された順番に触ったりして，自分の身体の動きを調整することができる。

▌指導の流れ

①子供に注目するよう促し，キノコを教室に貼る（事前に貼っておいてもよい）。

例「今からキノコを教室の中に貼ります。どこに何番を貼るかよく見ていてください」

②キノコの位置を確認する。例「1番キノコはどこにありますか？　指さしてください」

③キノコタッチの行い方について説明をする。

例「今から1番から○番まで順番にキノコをタッチしていきます。○番まで触ったら，自分の場所に戻ります。Aさんから順番にスタートし，Aさんが1番キノコを触ったら次の人がスタートします」→理解の様子によっては実演して見せる。

④安全に行うために大切なことについて確認をする。

・周りをよく見る　・ぶつかりそうになったら，スピードを緩める・よける　等

⑤キノコタッチを行う。

⑥振り返りを行う。感想を聞くと共に，子供のよかったところを具体的に伝える。

▌指導のポイント

◇数字を書く絵は，ドラゴンボールなど子供の興味関心に合わせたものにするとよい。

◇少ない数字を分かりやすい位置に貼ることから始め，実態によって難易度の調整をする。

・触る順番：逆順，ランダム　等

・貼る位置：高いところ，低いところ，物の裏，次の数字が対角線になるように貼る　等

・移動の仕方：走る→スキップ→ギャロップなどを交ぜて行う　等

◇子供の走り方，順番に触れているか，高いところ，低いところを触るときの身体の使い方，触るときの力加減の様子，友達とぶつかりそうになったときの反応，数字の位置の記憶，などについて観察し実態を把握する。観察した子供の実態によって「4 環境の把握」の項目と関連付けて指導する。

キノコ

◇「3 人間関係の形成 (3)自己の理解と行動の調整，(4)集団への参加の基礎」と関連付けて指導を行うこともできる。

〈指導助言〉作業療法士　石井早苗

84 落とし穴宝取り

準備 連続技用の長いマット，マットを縛るロープ2〜3本，座布団，宝（または暗号，パズルのピースなど）

時間 20分   **形態** 個別・集団

ねらい

試行錯誤しながら，状況に合わせて身体を使うことができる。

指導の流れ

①行い方を説明する。

例 「マリオが土管の中に金貨を落としてきてしまいました。中に入って取ってきてください」

②準備体操を行う。

・全身を使うので，関節の曲げ伸ばしなどを十分に行う。また，安全に行う上で大事なことについて確認する。→頭から入らない　など

③落とし穴宝取りを行う。

・子供の身体の使い方をよく観察する。自力でよじ登ることが難しいようであれば，台を用意したり，身体を支えたりして支援する。

④振り返りを行う。楽しかったところ，難しかったところなどについて話し合う。難しくてもどうやったらできるか考えて挑戦したことが大切であることを伝える。

指導のポイント

◇発散系サーキットの活動に組み込んで実施するとよい。ロールマットを出た後，マットを押し倒し，その中をトンネルのようにくぐり，再度マットを起こして立てる活動を入れると活動量や内容が広がる。バランス系のサーキットでは，ロールマットを予め倒しておき，中をトンネルのようにくぐったり上を歩いたりするとよい。その際，ロープは外しておく。

◇ロールマットの下には安全のため座布団やクッションなどを敷いておく。また子供が頭から落下しないよう，大人が付いて安全管理をする。

◇最初は助言せず子供に試行錯誤させる。様子を見てロールマットを縛ったロープを足場にしたり，台を使ったりするよう助言を行い成功体験が積めるよう支援する。2回目以降は「どうやったらできたんだっけ？」と声をかけ，子供自身に方法を思い出させるとよい。

◇ロールマットの中にパズルのピースを入れ，1人1つ取ってきてみんなでパズルを完成させる，ひらがなや言葉のピースを入れておき，言葉を作る，暗号を解く，などすると，「3 人間関係の形成 (4)集団への参加の基礎」をねらいとする課題にもなる。

〈指導助言〉作業療法士　石井早苗

ロールマットの例

85 もっと，忍者修行

準備 アクティブブレースポット（川渡りの足場），赤玉，ケンステップ（けむり玉投げ用）

時間 40分　　　　　　　　　　形態 小集団

ICT
1健康の保持
2心理的な安定
3人間関係の形成
4環境の把握
5身体の動き
6コミュニケーション

■ねらい

　身体の動かし方を知り，ボディイメージを高めることができる。他者と協力して活動することができる。

■指導の流れ

①活動全体のめあてと個々のめあてを確認する。「修行に合格して，忍者になろう！」

②修行ごとにルールとポイントを説明する。

・「忍者しゅりけん」…代表者がしゅりけんを投げる場所（頭，お腹，足）を声で伝える（実際には投げない）。他の子供は，声をよく聴き，しゅりけんを避ける次の行動を素早く行う。

　　「忍者しゅりけん【頭】！」→しゃがむ　「忍者しゅりけん【お腹】！」→横に1歩動く

　　「忍者しゅりけん【足】！」→その場でジャンプする

・「川渡り」…1人だけが乗れる大きさのマットを川に浮かぶ足場に見立てて，複数のマットの上を渡っていく。先頭の子供が「人数＋1枚」のマットを持ち，前方に1枚ずつ置いて進んでいく。他の子供はそれに続いて進む。先頭の子供の手持ちのマットがなくなったら，最後尾の子供が床のマットを1枚回収し，前の子供に「はい，どうぞ」と言って渡す。受け取った子供は「ありがとう」とお礼を言い，同様に前の子供に渡していく。

・「けむり玉投げ」…赤玉を枠の中に入るように投げる。枠ごとに得点を設定する。チーム全体での合格点を決め，合格点に達するための作戦を話し合い，協力して進める。

■指導のポイント

◇チームで協力する具体的方法を伝える。子供の実態に応じて話し合い活動も設定するとよい。

◇意欲を高めるために，修行に合格したときにスタンプを押すカードを使用するのもよい。

◇1単位時間ですべての修行を行わずに，単元を通して各修行を行っていってもよい。

◇バランスクッションやだるまさんが転んだなど忍者修行に関連させた活動も可能である。

けむり玉投げ

忍者検定カード

86 しっぽとり鬼

準備 タグベルト・タグ（タグベルト・タグがない場合はスズランテープで代用），タイマー

時間 10分　　　　　　　　　　　　　　　　**形態** 小集団

■ねらい

　しっぽの受け渡しの活動を通して，意思のやりとりを行い，コミュニケーションに必要な基礎的な能力を身に付けることができる。

■指導の流れ

①タグ（スズランテープ）の装着の仕方，使い方を指導する。

②ルールを確認し，イメージをつかませるため，教師が手本の動きを見せる。

・スタートの合図で，鬼は相手のタグを取りに行き，逃げ手はタグを取られないように逃げる。

・2本取られてしまったら補充ゾーンへ行き，「タグをください」と言って，指導者から新しいタグを受け取り，再開する。

・タグを何本取ることができたか（取られなかったか）を確認し，次回の目標を決めさせる。

③活動後，勝敗やタグの本数の違いが出ることを確認する。

・勝ち（タグが多い，逃げ切る）…威張ったり，自慢したりしない。

・負け（タグが少ない，タグを取られる）…怒ったり，泣いたりしない。

④「しっぽとり鬼」の活動を行う。

・タイマーをセットし，1分間を2セット行う。

⑤活動を振り返る。

・勝敗の受け止め方や活動のよかったところを指導者が伝える。

■指導のポイント

◇安全上，十分な場所の確保と床や地面の状態を確認しておく。また，相手との距離感やタグを取る際の力加減など事前に指導すると共に，「相手を押さない」「後ろ向きで走らない」など，接触や衝突，転倒のないよう注意する。

◇タグの受け渡しの際に，勝敗に関係なく「どうぞ」や「ありがとう」，その他前向きな言葉がけができたことを価値付け，認めていく。

87 カルテット

準備 トランプ，ルール表

時間 20分　　　　　　　　　　　　　**形態** 集団

ICT

1 健康の保持

2 心理的な安定

3 人間関係の形成

4 環境の把握

5 身体の動き

6 コミュニケーション

■ねらい

　適切な態度で依頼をしたり受け入れたりする力，他の人の表情や行動に注目して推測する力を身に付けることができる。

■指導の流れ

①ゲームの準備をする。

・ジョーカーは入れない。

・カードを1枚抜き，プレイヤーに見えないように置く。

・残りのカードを全員に配る。

②ルールを説明する。

・誰か1人を指名し，欲しいカードの数を言う。「○○さん，7をください」

・指名された人は，正直に答える。【持っていないとき】「持っていません」／【持っていたとき】カードを渡す。

・自分の手札に同じ数字の4枚セット（カルテット）が1つできるまで続ける。

・指名する相手やカードの数字は変えてもよい。

・4枚セットができたら「カルテット」と言ってカードを表向きに並べる。

・「ありません」と言われるか，カルテットが1つできたらターン終了。次の人の番になる。

・全員の手札がなくなった時点で，作ったカルテットの数が多い人が勝ち。

③ゲームに取り組む。

④振り返りを行う。

> ### カルテット
> ～ 同じ数字を 4枚 集めよう！ ～
>
> <ルール>
> ① 1人を 指名し，ほしいカードの 数字を 言う。
>
> ② 指名された人は，正直に 答える。
>
> | 持っていない： | 「持っていません」 |
> | 持っている： | カードをわたす |
>
>
>
> ③ 4枚セットが できたら「カルテット」と 言って
> カードを 表向きで 並べる。
>
> ④ カルテットが 1つ できる →
> 「ありません」と 言われる → 次の人へ

掲示用資料

■指導のポイント

◇依頼をするときには相手の方を見る，依頼されたときには渡したくなくても素直に渡すなどの，やりとりの基本的なマナーについて伝える。

◇教員もプレイヤーとして参加し，やりとりの手本を示したり勝敗をコントロールして活動のねらいに迫ったりしやすくする。

◇振り返りでは，子供自身ががんばった点や意識した点を発表する他に，教員からも価値付けを行うとよい。　　　　　　〈参考文献〉すごろくや著『大人が楽しい　紙ペンゲーム30選』スモール出版

88 嘘を言っているのは誰だ?

準備 お題カード

時間 20分　　　　　　　　　　　**形態** 集団

■ねらい

　他者の表情や発言に注目して, 嘘を見抜くことができる。他者の話に合わせようとすることができる。

■指導の流れ

①活動の説明をする。

　参加メンバーのうち, 1人だけみんなとは異なるカードが配られる。その1人は周りに見破られないように, 嘘をつきながら周りと話を合わせる。最後に, 嘘をついている(異なるカードを持っている)1人を一斉に指さして当てる。

②円の形をつくり, 教師はカードを配る。

　例　「犬・ねこ」「小学校・中学校」「警察官・消防士」「バス・車」
　　　カテゴリーが同じである方がよい。

③話し合いを開始する(3〜5分)。

　例　「犬・ねこ」のカードが配られている場合
　　　「みんなは飼ったことある?」→「あるよ」「ないよ」→「かわいいよね」→「うん」→
　　　「吠えるとうるさいよね」→「うるさいよね」「うん…(あれ, もしかしてみんなは犬の
　　　カードを持っている?　僕だけが違うカード?)」

④嘘をついている(異なるカードを持っている)人を指さす。

　なぜそう思ったのか理由を発表する。

　例　「言葉につまっていたよね」「少しにやけていたよね」

■指導のポイント

◇はじめは教師も参加し, 質問や話の振り方の手本を見せられるとよい。

89 絵しりとり

準備 タイマー，ホワイトボード

時間 20分　　　　　　　　　**形態** 集団

ＩＣＴ

1 健康の保持

2 心理的な安定

3 人間関係の形成

4 環境の把握

5 身体の動き

6 コミュニケーション

■ねらい

絵でしりとりすることを通して，表現の難しさや，いろいろな解釈があることを知る。

相手の意図を理解しようとしながら，自分の考えを伝えることができる。

■指導の流れ

①めあて「（相手が伝えようとすることをよく考えて）自分の思いを絵で伝える」ことを確認する。各自個別のめあてを確認する。

②順番を決めて，絵でしりとりをする。

・1人，2，3回程度行えるように，1人の持ち時間を1，2分と決めて絵を描くようにする。

・ここでは，最初の言葉だけ決めて（しりとりの「り」の付く言葉から，または何でもその場で決めた言葉から）始め，その続きを絵しりとりしていく。集団や学年の傾向によって，言葉のカテゴリを決めるとよい。

> **例** カテゴリ「食べ物」：しりとりの「り」→「りんご」→「ごま」→…

③答え合わせをする。意図が伝わったときの達成感と，伝わらなかったときにはそれぞれがどう解釈したかを共有する。

④めあての達成度を各自振り返る。

■指導のポイント

◇絵の上手下手は問わず，ある程度描くことに興味がある集団で行う。ただし，絵の上手下手で，かかる時間や伝わり方が違ってくる場合があることを想定しておく。

◇絵は，ホワイトボードにマーカーで描くと，描きやすく消しやすい。

◇答え合わせで間違っていたときに，解釈の仕方は人それぞれであることや，伝える難しさを確認し，お互いに否定的にならないように注意する。

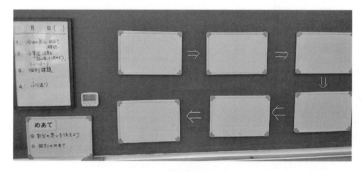

・順番になったら，ホワイトボードに絵を描く。
・各自，座席で絵を見て考えながら待つ。

掲示例

90 色々バスケット

準備 色カード，フープまたはケンステップ（カードとフープ・ケンステップの色を合わせる），タイマー

時間 10分　　　　　　　　　　　　形態 集団

■ねらい

「色」を表すカードや言葉を手掛かりに，よく見て（聞いて），ルールに従って行動することができる。

■指導の流れ

①めあて「よく見て動く」「よく聞いて動く」「ルールを守る」と，各自個別のめあてが他にあるときは，それぞれ確認する。

②ルールと方法を確認する。

・所定の位置に座って待つ。

・教員の指示は，「よく見てください」と言ってから色カードを見せ，「よく聞いてください」と言ってから「赤」など色を言う。

提示カード例

・該当する色のフープに移動する。

・全員正しく移動できたら，所定の位置に戻る。以後，何回か繰り返す。

※子供の実態に応じて，教員が手本を示す。

③確認した方法で，ルールを守って活動する。

④振り返りをし，それぞれ言葉や◎よくできた○できた△もう少しなどの記号で評価する。

■指導のポイント

◇ルールと方法の説明は，2回目以降は簡単に行うか，書いたものを提示しておき，分からなくなったら確認する程度でよい。

◇指示は，慣れてきたら「見る」「聞く」ことに集中させるため，タイミングを見計らってカードを見せるだけ，色名を言うだけにすることもある。

◇フープは，スペースに合わせて小さなものを使ってもよい。3，4人程度がぶつからないように輪の中に入るには，どうすればよいか考えながら動くことも押さえておく（背中合わせになれ

場の設定例

ば，4人は枠を踏んで入ることができる。完全に入りきらなくてもよしとする）。

〈参考文献〉上野一彦監修，岡田智ほか著『特別支援教育をサポートするソーシャルスキルトレーニング（SST）実践教材集』ナツメ社

91 ブラックボックス

準備 手を入れる穴があいた箱，箱の中に入れる文房具やおもちゃ，ヒント表

時間 20分　　　　　　　　**形態** 集団

■ねらい

　箱の中に入っているものを予測し，その中身が他者に分かるようにヒントを出すことができる。聞く側の子供は，ヒントをもとに箱の中身を考えることができる。

■指導の流れ

①活動のめあてとやり方を確認して，ヒントの話型を提示する。また，出題する順番を決める。

②指導者が箱の中に，ある物を入れ，出題する子供は箱の中に手を入れて中身を考える。

③中身が分かったら，ヒントを出す。

> **例**「文房具の仲間です。大きさは手より小さいです。形はＶの字みたいになっています。硬さは硬いです。触った感じはつるつるしています。素材は鉄でできています」

④聞く側の子供は，分かったら挙手をして，他児には聞こえないように指導者に耳打ちで解答する。分からないときは質問をして，出題している子供が返答する。

> **例**「どんなときに使いますか」→「何枚かの紙をまとめるときに使います」
> 「子どもも持っていますか」→「持っていません。先生が持っています」
> 「使うときのジェスチャーをしてください」

⑤やりとりを繰り返して正解したら，箱の中のものを出して確認する。

> **例** 答え…ホチキス

■指導のポイント

◇年齢や実態に応じて，箱に入れる文房具やおもちゃを予め見せてもよい。

◇ヒントの言葉のニュアンスを全員が共通認識できるように，事前に確認するとよい。

◇口頭でヒントを出すので，聴覚記憶が弱い子供にとって総合的に考えることが難しくなる。実態に応じて，出されたヒントを板書したり，途中に全員で確認したりする必要がある。

◇解答方法は，個人差が目立たないようにホワイトボードに書く等の配慮をするとよい。

ブラックボックス

なかま	文房具，おもちゃ，料理の道具
大きさ	グーと同じぐらい，○ cm ぐらい
形	長四角，サイコロみたい，球体
かたさ	かたい，やわらかい
感しょく	ざらざら，ふわふわ，冷たい
素材	鉄，プラスチック，布，木

ヒント表（一例）

ＩＣＴ

1 健康の保持

2 心理的な安定

3 人間関係の形成

4 環境の把握

5 身体の動き

6 コミュニケーション

92 背中のものは？

準備 選択肢の絵カード，ワークシート，探検ボード（バインダー），筆記用具，話の仕方・聞き方のマナーの掲示物，質問内容の例の掲示物

時間 20〜25分 **形態** 集団

■ねらい

相手に質問をし，答えを聞いて考え判断したり，相手の質問を聞いて質問の意図を理解し，自分の考えを伝えたりすることができる。

■指導の流れ

①活動のねらいと内容，流れについて説明をする。

例 「今からみなさんの背中に絵カードを付けます。それが何の絵かを見ないで当ててもらいます。友達に直接答えを聞いてはいけませんが，質問してヒントをもらうことはできます。いろいろな人に質問しましょう。答えが分かったら，座って待ちます」

②何を質問したらよいかを確認する。

・事前にカテゴリー分けや類推する学習を行い，その学習を思い出して考えるよう促す。→効果的な質問項目は掲示して共有する。

③質問の仕方・答え方のマナーを確認する。

ワークシートの例

・質問するとき：相手の名前を呼んで・顔を見て・最後まで聞いて・お礼を言う。

・答えるとき：相手の方を見て・自分の考えを伝える・分からないときは分からないと言う。

④ワークシートを配り，活動を開始する。

・ワークシートには，思考の手掛かりになるよう選択肢の絵や質問項目を記載しておく。

・指導者は子供の様子を見て答え方や思考の仕方を分析し，必要な助言を行う。

例 情報を関連付けて考えられず，選択肢を絞ることができない→「質問の答えを聞いて違うものは斜線で消して，残ったもので次の質問を考えてみよう」

・質問の答え方は，大きく思考の混乱を招くものでなければ見守り，会話のやりとりが広がるようにする。例 Q「どんな形？」A「丸っぽくて，細長い感じかなぁ」

⑤全員が終わったら，一人一人答え合わせをする。

・答えだけでなく，なぜ分かったのかについても確認する。また，友達の答え方で分かりやすかったところや，よかったところなどを共有するとよい。

■指導のポイント

◇子供の実態に応じて選択肢の絵カードの内容を調整する。果物・野菜など分かりやすいものから，文房具，身の回りのものなど表現が難しいものにしていくと，やりとりが広がる。

93 「すすめコブタくん」

（準備） ボードゲーム「すすめコブタくん」（Schmidt 社），掲示物「ゲームのルール」，掲示物「なかよく遊ぶための言葉」

（時間） 20分 （形態） 集団（2～7人）

■ねらい

　すごろくゲームを通して，「ありがとう」や「どうぞ」などの言葉を介し，相手を意識したコミュニケーションをとることができる。

■指導の流れ

①本時のめあてを確認する。

②ゲームのルール説明や「なかよく遊ぶための言葉」を伝える。

　（例） ・「ゲームのルール」「なかよく遊ぶための言葉」等の話型を提示する。

　　　 ・相手のことを考えたサイコロの渡し方や受け取り方についても気付くよう促す。

③ボードゲーム「すすめコブタくん」を行う。

　（例） コマの色，サイコロを振る順番を相談して決める。その際，希望が重なったらどうするかを事前に決めておく。

④全員がゴールしたら喜び合う。

　（例） 「先にゴールした人は，まだゴールしていない人に励ましの言葉をかける」「全員がゴールしたら全員で拍手をする」等，ゲームの最後まで相手を意識できるようにする。

⑤ゲームが終了したら，友達のよかったところや友達にしてもらってうれしかったことなどを振り返り，自他の行動を認め合う。

■指導のポイント

◇いつでもルールの確認ができるようゲームのルールを掲示しておく。

◇子供の実態によってすごろく板の数を減らしたり，どのように並べたらよいかの話し合いをする機会をもたせたりするとよい。また，チップは実態に応じて取り入れる。

◇小さな箱を用意し，サイコロをその中で振らせ，力のコントロールができるようにする。

◇「なかよく遊ぶための言葉」や相手を意識した行動ができている子供を認め称賛する。

「ゲームのルール」と「なかよく遊ぶための言葉」

〈教材〉「すすめコブタくん」（Schmidt 社）

94 もっと，ケーキデコレーション

準備 ケーキの土台が描かれた紙，ケーキの具材いろいろ，色の違う2種類のブロック

時間 30分　　　　　　　　　　　　形態 集団

■ねらい

　自分の意見を伝えることができる。相手の意見を聞き入れることができる。会話において，バランスよくお互いの意見を取り入れるよさを知ることができる。

■指導の流れ

①全体のねらいを確認する。

　ねらい　話し合って，ペアで素敵なケーキを作ろう。

②ケーキの作り方を説明する。

・ケーキの土台を決める。

・具材を○種類選ぶ。ケーキの上にデコレーションする。

③自分1人でケーキを作る。イメージを膨らませる。

④ペアで1つのケーキを作る。

・作り始める前に，教員のロールプレイを見ながら，話し合いのポイントを確認する。

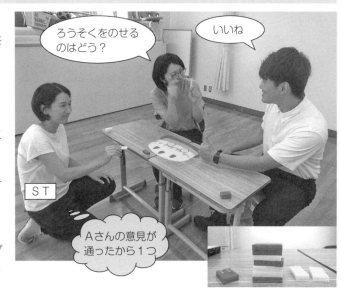

ろうそくをのせるのはどう？

いいね

ST

Aさんの意見が通ったから1つ

　ポイント　お互いの意見をバランスよく取り入れよう。そのために，自分の意見をもって伝えよう。相手の意見も受け入れよう。

⑤話し合いを行う。

・ペアに1人教員が付く。それぞれの子供の色ブロックを決め，意見が採用されたら，それを2人の間に重ねて置いていく。

⑥ケーキの発表会をする。

⑦振り返りを行う。

■指導のポイント

◇ロールプレイは，一方の意見ばかりが通るパターンを見せる。

◇ブロックを積み重ねることで，バランスよくお互いの意見が取り入れられているか視覚化する。

◇ケーキが出来上がったら，ケーキの名前や値段もペアで話し合うようにすると楽しい。

ICT

1健康の保持

2心理的な安定

3人間関係の形成

4環境の把握

5身体の動き

6コミュニケーション

95 反対言葉カルタ

準備 反対言葉カルタカード

時間 20分　　　　　　　　　　　　　　**形態** 個別・集団

■ねらい

語彙を増やし，反対言葉を覚えることができる。

■指導の流れ

①フラッシュカードで反対言葉の問題を出す。

　教師：「『大きい』の反対は？」　　子供：「小さい」

　教師：「『長い』の反対は？」　　　子供：「短い」

　「大きい」や「多い」「太い」など間違いやすい言葉は，絵を見せながら違いを押さえる。

②反対言葉カルタを始める。

・教師が読み上げた言葉と反対の意味の言葉カードを取る。

・勝ち負けではないことを伝える。勝敗にこだわる子供がいるときは，取ったカルタは教師が回収しておくとよい。

③回収したカードを並べて，もう一度行う。

■指導のポイント

◇低学年は絵のあるカードを用いるなど，学年に応じて使用するカードを変える。

◇形容詞と動詞を分けて行うなど，学年や子供の実態に応じた配慮が必要である。

◇反対言葉がある程度定着してきたら，裏返して言葉合わせゲームにして遊びながら学習させるのもよい。

絵なし反対言葉カルタ

絵あり反対言葉カルタ

〈教材〉「はんたい言葉 絵カード」（ちびむすドリル）〈https：//happylilac.net〉 ＊反対言葉カルタの絵に使用

96 これなんだ？

準備 絵カード（自作ほか「くもんの図鑑カード」シリーズを用いた），椅子，スポットマーカーやケンステップなどの目印，説明のポイントの掲示，ルール表，ポイントやルール表を掲示するためのホワイトボード

時間 15分　　　　**形態** 集団

■ねらい

言葉で端的に説明する力，一般的な概念，分類する力，語彙力を身に付けることができる。

■指導の流れ

①場の設定

・参加人数より１つ少ない数の椅子を並べる。

・椅子と向き合う少し離れた位置に，ヒントマンの立ち位置を示す目印（スポットマーカーなど）を置く。

②ルール

【パート１】

・ヒントマン（１人）→絵カード（例：りんご）を見て，回答者にヒントを出す。名称そのもの・穴埋め形式・はじめの文字の説明・動作・英語での言い換えは禁止。端的に説明する（◎「果物です」「赤いです」，△「赤くて丸くて甘い果物です」）。

・回答者（ヒントマン以外）→ヒントを聞き，挙手はせずにどんどん答える。

・１問正解したら，ところてん式に席を移動しながら役割を交代していく。

・制限時間（３〜４分）内に何問正解できたかを記録する。

【パート２】

・ヒントマン（回答者以外全員）→絵カードを見て，1人ずつ順番にヒントを出していく。

・回答者（１人）→ヒントマンのヒントを聞いて答える。分かった時点で答えてよい。

【カタカナ語バージョン】（基本ルールは，パート１と同様）

・お題がカタカナ語のみになる。説明する際には，カタカナ語を使ってはいけない。

ルール表

■指導のポイント

◇短い制限時間で，２〜３セット取り組むとよい。１セットごとに１分程度で振り返りを行い，よい説明の仕方を価値付ける。

◇実態に応じ，教員がプレイヤーとして参加したり適宜回答したりする。

◇答えの正誤を判断するのは教員が行う。回答者が自ら判断して飛び出してしまうなど，衝動性の高い子供がいる場合には，ジョイントレールなどを使ってゲートを作り，正解の合図が出てからゲートを開くなどの工夫をする。

97 チェックポイント連想ゲーム

準備 ホワイトボード

時間 10分　　　　　　　　　　**形態** 個別・集団

ICT

1 健康の保持

2 心理的な安定

3 人間関係の形成

4 環境の把握

5 身体の動き

6 コミュニケーション

■ねらい

　他者の考えを聞いてイメージし，自身の知っている言葉と結び付け，理解を深める。

■指導の流れ

①全体のめあてと個々のめあてを確認する。

②「チェックポイント連想ゲーム」のルールを説明する。

・スタートの言葉からゴールの言葉まで，連想した言葉でつないでいく。

・チェックポイントの言葉をすべて使用して，ゴールの言葉が言えたらクリアとする。

・チェックポイントの言葉は，いつ，どの順番で使用してもよい。

③どうしたらうまくいくか，方法を考える。

・相手が次の言葉を言いやすい言葉を答える（相手のことを考える）。

・うまくいくようにアドバイスをする（自分の考えを伝える）。

・どうすればチェックポイントの言葉が言えるか先のことを考える（見通しをもつ）。

④ゲームをする。

⑤個々のめあての振り返りをする。

■指導のポイント

◇自分の言いたい言葉ではなく，相手がイメージしやすい言葉を言うようにする。

◇うまく答えられない子供には色や形など特徴をイメージできるように助言する。

◇先の言葉までのつなぎ方を考えることができる子供は，友達に提案させるようにする。決定
　権は答える順番の子供にあるように伝え，相手の考えを尊重させる。

◇言葉の抽象度を変えたり，制限時間を設けたりすることで活動の難易度を調整する。

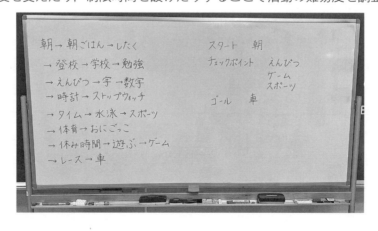

98 お知らせします！

準備 マスシート（3×3）・絵カード（今回は『あそびっくす！　まなびっくす！』を使用）をそれぞれ使用する人数分，衝立

時間 20分　　　　　　　　　　形態 個別・集団

■ねらい

　相手に情報を正確に分かりやすく伝えると共に，言われた情報を正しく聞き取ることができる。

■指導の流れ

①本時のめあてを確認する。

②ゲームのルールを説明する。

③ゲームに必要な「位置を伝える言葉」を確認する。

　例 「上から2番目，右から3番目」など（実態に応じて「行，列」を使用してもよい）

④衝立を置き，情報を伝える係はマスシートに絵カードを置き，伝える言葉を考える。

⑤答える係は，情報を聞きマスシートに絵カードを置く。情報を聞き落としたり，忘れてしまったりしたときは聞き直してよいことを確認しておく。

⑥衝立を移動させ，正しい位置に絵カードを置いているか確認する。

⑦役割を交代して行う。

⑧本時を振り返り，正しく伝えるためには，位置を表す言葉を使うことの大切さや聞くときのポイントがあることに気付かせる。

■指導のポイント

◇実態に応じて，マスシートに「上下左右」を記入しておく。

◇実態に応じて，「右（左）から□番目，上（下）から□番目」の話型を示す。

◇衝立を立てる際は，答え合わせ時にマスシートの向きが同じになるよう，隣り合わせにする。

◇位置を伝えることに重点を置く場合は名詞カード（りんご等）を使用し，語彙を増やすことに重点を置く場合は絵カードの説明を詳しくさせて難易度を変えてもよい。

〈教材〉安住ゆう子著『あそびっくす！　まなびっくす！』かもがわ出版　　　　衝立の配置例

ICT
1 健康の保持
2 心理的な安定
3 人間関係の形成
4 環境の把握
5 身体の動き
6 コミュニケーション

99 iPad で my 辞書づくり

準備 iPad，アプリ「例解学習国語辞典 第九版」（物書堂）

時間 10〜15分　　　**形態** 個別

■ねらい

言葉と写真を組み合わせて，自分の辞典を作ることができる。

分からない言葉が出てきたときに，調べることができる。

■指導の流れ

①調べる言葉を決める。

②アプリの検索欄に調べたい言葉を入力する。文字入力もしくは音声入力で行う。使いやすい方を選ぶ。

③言葉の使い方を読む。

④そのもの（こと）の写真を撮る。

　名詞でないときには，その状態や様子を写真に撮る。

　例 柔らかい：ふわふわしているものを触っている写真

　　　悲しい：教員の泣き顔

⑤慣れてきたら，現在使っている教科書の中から，意味が分からない言葉を取り上げて調べるなど，日常生活にもつながる活動をしていく。

■指導のポイント

◇音声入力を行う場合は，ネット環境が整っていないとできないので，確認しておく。

◇アプリを使用するため，家庭とも連携してそのアプリを活用していくと効果的である。

◇1日3個など，個数を決めて毎回行うことで，調べることを習慣化していく。

◇「うれしい」「悲しい」なども，表情や様子を写真に撮って保存していくと面白い。

辞典の1ページ「走る」に
写真を添えたもの

〈教材〉アプリ「例解学習国語辞典 第九版」（物書堂）

100 ワタシワー

準備 ゲームの内容と流れを書いた掲示物，お題を決めておく，画像のインターネット検索

時間 10分　　　　　　　　　　　　　　　**形態** 小集団

■ねらい

　物の特徴を様々な視点で捉え，言語にして説明することで，言語概念を形成することができる。言語を通して相手の考えを推測することで，言語理解力を高めることができる。

■指導の流れ

①ゲームの目的（ゴール）と，活動の流れを掲示し，確認する。

[目的]・出題者に参加者全員が仲間認定されること。

[流れ]・出題者にだけお題を見せる。出題者はお題のものになりきって自分の特徴を伝える。

　　　　例 「私は，黄色いです」「私は，細長いです」「私は，食べ物です」など。

　　　・参加者は，お題が分かった時点で挙手をして，「お題の仲間」になりきって自分の特徴を出題者に伝える。例 「私は，赤いです」「私は，丸いです」など。

　　　・出題者は，参加者がなりきっているものが何かを考え，仲間だと思えば「あなたは仲間です！」，仲間ではないと思えば「あなたは仲間ではありません」と伝える。

②教員が上記の流れをロールプレイで示し，子供がゲームの流れを理解できるようにする。

③出題者1人を決め，ゲームを行う。

④ゲーム終了後には，「お題」と「お題の仲間」が何だったかを発表し，ゲームを振り返る。

■指導のポイント

◇『「自立活動」指導アイデア110』の「スリーヒントクイズ（No.62）」や「15のトビラ（No.91）」など，言語に関する活動と関連させて行うとよい。

◇出題者や参加者が発表した特徴はそれぞれ板書を行い，振り返れるようにするとよい。

◇ゲーム終了後の振り返りでは，「お題」や「お題の仲間」として出てきたものの画像をインターネット検索等を活用して示しながら，子供の発表を価値付けるとよい。

◇「仲間」と判定した根拠についても振り返るとよい。

ゲームの内容と流れ

①「15のトビラ」の発展型のゲームです。
②出題者1名と参加者に分かれて行います。
③出題者は「お題」のものになりきって，自分の特徴を，参加者に伝えます。
④参加者は「お題」が何か分かったら，お題の仲間になりきって，出題者に自分の特徴を伝えます。
⑤出題者は，参加者が演じているものが自分の仲間だと思ったら仲間認定をします。
⑥全員が仲間認定されるか，タイムアップになったらゲーム終了です。

ゲームの内容と流れの掲示例

〈参考文献〉すごろくや著『大人が楽しい　紙ペンゲーム30選』スモール出版

101 自分の思いを整理しよう

準備 iPad, アプリ「SimpleMind」(xpt Software & Consulting B.V.)・「縦書きエディタ」(NEXTEP SOLUTIONS)

時間 30分 **形態** 個別

■ねらい

マインドマップを利用して, 自分の思いを整理して言語化することができる。

■指導の流れ

①個別のめあてを確認する。

②出来事作文の題材を確認する。

③5W1Hや出来事をピックアップして, マインドマップに記入する。まずは, 思いついたことをどんどん羅列する。

④ピックアップした出来事について, さらに理由やきっかけ, 結果や思ったことを付け足す。

⑤一通り書き出したら, その中から作文にする項目を選び, 書く順番を考えて並び替える。

⑥支援者と対話を通じて, 書く内容を深め, マインドマップに加筆していく。

⑦プリントアウトしたマインドマップのメモを見ながら文を組み立て, 原稿用紙のアプリを使って書いていく。

⑧自分が書いた文章を推敲し完成する。

■指導のポイント

◇紙と鉛筆を使って書くときと同じように作文指導をする必要はあるが, ICT を用いることで付け加えたり訂正したりすることが容易にできるため, 子供の心理的抵抗が減る。

◇作文にしていくときには, 原稿用紙の使い方等の指導をする必要がある。

◇マインドマップは思考ツールの1つなので, 出来事作文や感想文, 意見文だけでなく, 自己を振り返ったり困り事の要因や対策を考えたりする際にも活用できる。

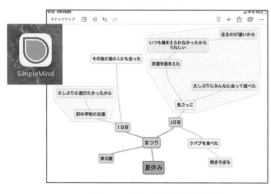

「SimpleMind」で思考の整理
(xpt Software & Consulting B.V.)

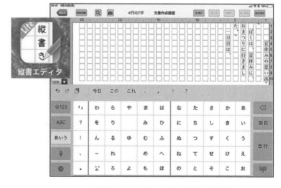

「縦書きエディタ」で作文指導
(NEXTEP SOLUTIONS)

102 はないちもんめ

準備 歌詞カード

時間 20分　　　　　　　　　**形態** 集団

■ねらい

難しい条件設定がなく，短時間で相談して遊びを楽しむことができる。

■指導の流れ

①活動を始める前に，「はないちもんめ」は昔遊びであることを伝え，ルールや言葉の解説等を行う。

②2チームに分かれる。教師もメンバーに加わり相談の様子を見守る。必要なときには，相談内容をまとめる。

③先攻後攻を決める。横一列に並んで隣の人と手をつなぐ（先攻から歌い出す）。

④相談が終わったら，「きーまった」と言い，双方共に決まったら，指名する。

　例　「○○ちゃんがほしい」，「●●ちゃんがほしい」
　　　「じゃんけんぽん」

⑤子供が勝ったチームに移動したら，また始める。

⑥どちらかのチームに人がいなくなったら終了。または，相談の回数等で終了を決めておく。

⑦振り返りでは，どんなところが面白いと感じたか，呼名されたときの気持ちはどうだったかを言えるようにする。

■指導のポイント

◇2チームに分かれる際に，グーとパーでの分かれ方やあみだくじ等の決め方を教えることもできる。

◇教師が意図的にグループ分けを操作することで，相談活動に変化をもたせることができる。また，全員が指名されるように調整する。

◇勝敗を気にする子供がいる場合には，予め参加の有無を聞き，気持ちを尊重する。

○そうしよう
●そうしよう
○そうだんしよう
●この子じゃわからん
○この子がほしい
●あの子じゃわからん
○あの子がほしい
●お布団ボロボロ
○お布団被って　ちょっと来ておくれ
行かれない

○勝ってうれしい　はないちもんめ
●負けて悔しい　はないちもんめ
○となりのおばさん　ちょっと来ておくれ
●鬼が怖くて行かれない
○お釜かぶって　ちょっと来ておくれ
●お釜底抜け行かれない

○先攻，●後攻　　「はないちもんめ」歌詞（地方により歌詞は異なる）

119

103 すごろくづくり

準備 タブレット（Chromebook），すごろくシート（手書き用とパソコン入力用），感想・助言用のワークシート

時間 30分×3回　　　　　　　　　　　　　　**形態** 集団

サイドバー（縦書き）:
ICT
1 健康の保持
2 心理的な安定
3 人間関係の形成
4 環境の把握
5 身体の動き
6 コミュニケーション

■ ねらい

　みんなが楽しめるすごろくを作るために，他者の視点に立って考えたり他者の助言を受け入れたりすることができる。

■ 指導の流れ

①「すごろくづくり」の流れを説明する。

②市販のすごろくを参考にしながら，自分オリジナルのすごろくを作る（教師が事前に作成しておいたすごろくシートの枠内に言葉を記入する）。

　手書きで作成するかパソコンで作成するか選択できるようにしておく。

　例　「〇マス進む」「じゃんけんに負けた人は〇マス戻る」「スタートに戻る」
　　　　「今日の朝ごはんは？」「ジャンプを5回しよう」

③②で作ったすごろくで，みんなで遊ぶ。

④ワークシートに，感想やもっとこうしたらよくなるといった改善点などの助言を記入する。

　例　「〇マス戻る」が少し多いから減らした方がいいと思う。
　　　　「スタートに戻る」はもう少し最初の方に入れた方がいいよ。

⑤④で友達に書いてもらった助言をもとに，すごろくを改良する。

⑥改良したすごろくで再度遊び，振り返りを行う。

■ 指導のポイント

◇「3 人間関係の形成 (2)他者の意図や感情の理解」と関連付け，自分だけではなくみんなが楽しめるように，相手の立場に立ってすごろくを作るように指導をする。また，相手の気持ちを踏まえた助言の仕方についても一緒に考える。

◇すごろくで遊ぶときは，勝敗の受け入れをめあてにすると「2 心理的な安定 (1)情緒の安定」と関連付けることができる。

感想・助言用ワークシート

104 パターンブロックの伝達

準備 パターンブロック（正方形・長方形・台形・平行四辺形），伝える形の写真（Chromebook）

時間 40分　　　　　　　　　**形態** 集団

■ねらい

相手に伝わるように正確に話すことができる（伝える人）。

相手の言っていることが分からないときは，聞き返すことができる（作る人）。

■指導の流れ

①学習の内容と全体のめあて「相手が分かるように伝えよう」「分からないときは聞こう」を確認する。

②手順とルールを説明する。

　伝える形の写真を Chromebook で見て，まずは自分で作ってみる。作りながら説明を考える。

　２人組になり，伝える人と作る人を交替しながら行う。使用するブロックの形を確認する。

③伝えるときのポイントを確認する。

　　例「使うブロックを最初に伝える」「出来上がりが何に見えるか先に伝える」

　　　「具体的な言葉を使う」→上下左右，辺，向き，頂点，○度回転，

④活動を開始する。

　２人組になって机を横に並べ，衝立を置く。活動の様子を動画で撮影しておく。

⑤振り返りを行う。

　動画を見ながら，説明が分かりやすかったか振り返り，改善点を考える。

■指導のポイント

◇学年や子供の実態に応じて，使用するブロックや難易度を変える。

◇頭だけで説明を考えることが難しい子供には，メモを取らせるとよい。

◇『「自立活動」指導アイデア110』の「ブロック伝達ゲーム（No.38）」を合わせて行うことで，ねらいがより深まる。

パターンブロック

Chromebook で伝える形を提示

ICT

1 健康の保持

2 心理的な安定

3 人間関係の形成

4 環境の把握

5 身体の動き

6 コミュニケーション

105 人狼ゲーム

準備 人狼ゲームのカード（市販・自作），タイマー

時間 25分　　　　　　　　　　　　　　**形態** 集団

■ねらい

　お互いに情報交換する発信力・受信力を養う。制限時間内に必要な情報を得る感覚を経験することができる。

■指導の流れ

①めあて「相手の発言を整理して受け止め，状況を考えて発言する」を確認する。

②各自個別のめあてを確認する。

③司会進行役を決め，「人狼ゲーム」をする。

※人狼ゲーム：市民の中に紛れ込んだ人狼を探し出して追い出す，というストーリーのカードゲーム。市民・人狼の他に役のカードがあり，市民チームと人狼チームに分かれている。配られたカードに示された自分の役に従って議論する中で，誰が人狼かを推測して当てていく。人狼を見つけ出すことができたら市民チームの勝ち，最後まで見つからなかったら人狼チームの勝ちとなる。司会進行のセリフは，説明書に書かれているのでそれに従って進める。

・全員目を閉じて，司会者だけが，全員の役を確認する。

・２分30秒間，議論をして人狼が誰かを推測する。その際，自分の役について本当のことを言ってもよいし，嘘をついてもよい。人狼は自分が人狼だと悟られないような発言を，他の人たちも様子を見て人狼を見つけ出す発言を考える必要がある。

・時間がきたら，司会者が，人狼だと思う人を一斉に指さしするように促す。一番多く指をさされた人がその回の追放者となり，以後議論に参加できなくなる。追放者が人狼側だった場合は，そこで終わる場合もあるが，市民側だった場合や人狼が複数の場合，また議論に戻り，追放された人以外で議論する。

・同様に繰り返す。参加人数や実態に応じてルールを変えるとよい。

④感想を伝え合い，めあての達成度を振り返る。

■指導のポイント

◇話すことが苦手な子供がいる場合は，司会者が意見を促したり支援したりしてもよい。

◇議論の時間は，人数によって調整してもよい。人数は４人からできるが，８人くらいいると，役が増えて楽しめる。

◇司会はゲームをよく知っている人が行うとスムーズに進むため，最初は大人が司会者になるとよい。

106 1分間スピーチ

準備 タイマー，メモ用ワークシートかホワイトボード（必要に応じて）

時間 10〜20分（人数による）　　　　**形態** 集団

■ねらい

話す内容をまとめ，相手に伝わるように話すことができる。

■指導の流れ

①めあて「最近の出来事について，内容を整理して伝えよう」を確認する。

②必要に応じて，「最近」はいつ頃のことかを説明する。子供によっては，そのときに伝えたいことでもよしとする場合もある。

③内容を整理する時間をとる。メモをしたい人には，ワークシートやホワイトボードなど，選択して書けるようにする。

④順番を決めて発表する。タイマーで1分間を目安にする。

⑤発表について，質問がある場合は1人1問程度受け付ける。

⑥めあてについて振り返り，自己評価する。教員からもよい点と工夫するとよくなる点を評価する。

■指導のポイント

◇内容を整理する時間は，最初に5分程度とり，実態に応じて増減する。時間が余った人は発表の練習をして待つように促す。

◇発表の仕方は，その場で座って→その場で立って→人前に出て，と，実態に応じて段階を踏む。

◇発表するときは，「発表します」「以上です」など，各在籍学級で行っている形式を踏まえて話型を整えられるように，担任と日頃から連携する。

◇発表する人の方に体を向ける，顔を見るなど，聞く態度も押さえておけるとよい。

◇子供の実態とねらいによっては，発表の様子を録画して，振り返りのときに観ることも効果的である。

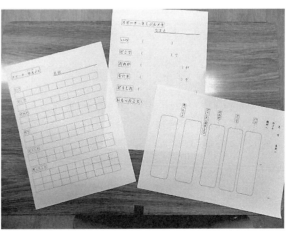

メモ用紙の例

107 「たすけ合い体感ゲーム」

準備 「たすけ合い体感ゲーム」（合同出版）

時間 20分 　　　　　　　　　　　形態 集団

縦のラベル（左側）: ICT ／ 1健康の保持 ／ 2心理的な安定 ／ 3人間関係の形成 ／ 4環境の把握 ／ 5身体の動き ／ 6コミュニケーション

■ねらい

　困ったときに「たすけて」と援助を求めたり，困っている事柄に対して解決手段を考えたりすることができる。助けてもらったときにはお礼を言うことができる。

■指導の流れ

①活動のねらいとゲームの方法（下記1～5）を確認する。

1　1人の子供が「できごとカード」を1枚取って読み上げる。

2　読み上げた子供自身の手持ちの「おたすけカード」で解決できないか考える。
　（手持ちのカードで解決できたら，5へ）（解決できなかったら3へ）

3　友達に「たすけてください！」とお願いし，他児はそれぞれ助けられそうなアイテムの「おたすけカード」を提示する。カードをもらったら「ありがとう」と言う。
　（もらったカードで解決できたら，5へ）（最適なアイテムがなかったら4へ）

4　「先生にも聞いてみてください」とお願いし，他児は先生に「○○で困っているのでたすけてください」とお願いする。先生から「おたすけカード」をもらったらお礼を言って，困っている人に渡す。

5　最適な解決手段を選び「○○で解決しました。ありがとうございました」と報告する。

②順番を決めて，「おたすけカード」を配付する。

③ゲームを開始する。

④振り返りをして，日常生活の中でも援助要求を出すことの大切さを伝える。

■指導のポイント

◇明らかに相応しくない「おたすけカード」を選んだ場合には，他の子供がふざけ始める前に指導する。

◇「たすけてください」「ありがとう」等，言葉でのやりとりを重視する。

〈教材〉上島博著・子どものレジリエンス研究会編「『たすけて！』は生きぬくための合言葉　レジリエンスが育つたすけ合い体感ゲーム」（合同出版）

108 「バンディド」

準備 「バンディド」（すごろくや）

時間 15分　　　　　　　　　　**形態** 集団

■ねらい

その場の状況を根拠にして，自分の意見を伝えたり，相手の考えを受け入れたりできる。

■指導の流れ

①全体のめあてと個々のめあてを確認する。

②「バンディド」のルールを説明する。

・手札となる通路が記されたカードを全員で相談しながら（参加者は全員仲間），順番に置いていき，牢屋から逃げ出す道を「電灯カード」（行き止まり）で塞いでいく。

・カードの置き場所を全員で相談して決める。

・道が途切れないよう，つなげるようにカードを置くことを確認する。

③どのようにしたら道がうまくつながるかを上手に相談するよう指導する。

・相手に合わせた提案の仕方を考える。

・受け入れやすいアドバイスの仕方を考える。

・分かりやすい言い方を考える。

　例　理由を言う，実際にカードを置いて説明する，など

④「バンディド」ゲームを行う。ゲームの途中，終了後に「相談タイム」を設定する。

⑤個々のめあての振り返りを行う。

■指導のポイント

◇相談の仕方などの話型を指導すると共に，相談タイム中に板書等，掲示しておくとよい。

◇ゲーム中は，カードを机上に置くなどし，互いのカードを見て作戦を考えたり，出してほしいカードを伝えたりすることができるようにする。

◇自分の意見を言うときは，その場の状況を根拠にして意見を言うよう声かけをする。

◇複雑な道は予め抜くなどして，難易度を変えたり，達成感を味わえるようにしたりする。

相談して決めよう。
①自分の意見を伝える。 ②友達に意見を聞く。 ③どうするか決める。

相談の仕方
○ぼく・わたしは…したいんだけど， 　…してもいいかな？ もっとわかりやすく伝えたい人は ○ぼく・わたしは～だから，…したい 　んだけど，…していいかな？

〈教材〉Martin Nedergaard Andersen 作「バンディド」
　　　（すごろくや）

ICT

1健康の保持

2心理的な安定

3人間関係の形成

4環境の把握

5身体の動き

6コミュニケーション

109 こまったときどうする？

準備 『困ったとき事典』（こころリソースブック出版会）のプリント，書画カメラ，ホワイトボード

時間 20分　　　　　　　　　　　　　　**形態** 個別・集団

〈縦書き左欄外〉
ICT

1 健康の保持

2 心理的な安定

3 人間関係の形成

4 環境の把握

5 身体の動き

6 コミュニケーション

┃ねらい

　日常生活の中で子供自身が困っているであろうことを予測し，どうすればよいか知っておくことで，場面に合わせて対処することができる。

┃指導の流れ

①学校生活で困るとき，日常生活で困るときのことを想起する。

　例 「明日の持ち物の連絡を聞き逃してしまった」「落とし物をしてしまった」等

②自分がどうすればよいか分からずに困っているときに，どんな手立てが適切か考える学習であることを伝える。

③『困ったとき事典』を使って，困ったときにどのように行動すればよいか，漫画をヒントに考える。

　例 「トイレに行きたくなって困ったときは」「相手の言うことが分からなくて困ったときは」

④テーマを１つ決めて，困ったときの場面，対処法４～５つの漫画を書画カメラでホワイトボードに拡大して映し出し，適切だと思ったストーリーを子供たち各々が選ぶ。

⑤それぞれの考えを発表し，意見交換する。

⑥どの対処法がその場面に適しているか，意見をまとめる。

⑦適切な対処法をロールプレイで体験する。

┃指導のポイント

◇どの対処法を選んでも，全面的に否定することなく，最適な方法に向くように指導する。

◇発達段階に応じて「困ったとき」は変わるので，より身近な場面を選びロールプレイするとよい。

〈教材〉森正人ほか著『子ども達のための「困ったとき事典」』こころリソースブック出版会

110 「ゾンビキッズ」

準備 「ゾンビキッズ：進化の封印」（すごろくや），「ゲームのルール」「相談の言葉」の掲示物

時間 25分　　　　　　**形態** 集団（2〜4人）

■ねらい

他者の考えを聞いたり，自分の考えを伝えたりしながら状況に応じて相談することができる。

■指導の流れ

①全体のねらいと，個々のめあてを板書して確認をする。

②「ゾンビキッズ」のゲームのルールを説明する。

③話し合いのコツを指導する。

　例 「〜だと思うけど，どう？」「私は〜をやりたいけどいい？」「いいね」「なるほど」「では，ここにコマを置きますね」などの話型の提示をする。

④誰がどのキャラクターのコマを使うか，サイコロを振る順番を相談して決める。

⑤相談をしながら「ゾンビキッズ」を行う。

　例 コマを動かす前に，「相談の言葉」を使って動かす場所をみんなで決める。

⑥ゲームが終了したら，自分や友達の相談の仕方でよかったところや感じたことについて振り返る。

■指導のポイント

◇「ゲームのルール」や「相談の言葉」を掲示し，必要に応じて確かめることができるようにする。

◇「相談の言葉」を使ってゲームを進行するよさに気付くように言葉がけをする。

◇3，4人でゲームを行う場合も，ルールや進行に慣れるまで2人用バージョンの盤を使い，難易度を下げてもよい。

◇実態に応じて，勝利するためのコツや作戦を立てる等の話し合いの時間を設けて，コミュニケーションを多くとる機会をつくるとよい。

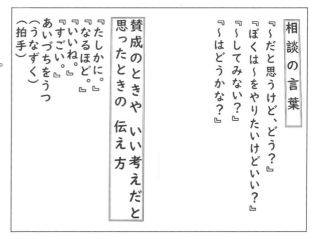

相談の言葉

『〜だと思うけど、どう？』
『ぼくは〜をやりたいけどいい？』
『〜してみない？』
『〜はどうかな？』

賛成のときやいい考えだと思ったときの　伝え方

『たしかに。』
『なるほど。』
『いいね。』
『すごい。』
あいづちをうつ
（うなずく
　拍手）

「相談の言葉」

〈教材〉Annick Lobet 作「ゾンビキッズ：進化の封印」（すごろくや）

111 引っ越し大作戦

準備 特別支援教室にある道具，写真，大きいホワイトボード

時間 40分 　　　　　　　　　　　　　　　　**形態** 集団

ICT

1 健康の保持

2 心理的な安定

3 人間関係の形成

4 環境の把握

5 身体の動き

6 コミュニケーション

■ねらい

　少人数で同じ物事について話し合う活動を通して，同じものを見ながらイメージを共有し，同じ話題に意識を向けて，話し合うことができる。

■指導の流れ

①子供を引っ越し会社の新入社員に任命し，会社のモットーを伝え，新入社員としての本日のミッションを伝える。

・モットー 「素早い，安心，丁寧 ○○引っ越し会社」

・ミッション 「Aさんのお家の荷物をそっくりそのまま引っ越し先に移動する」

②引っ越し作業をする際の条件を伝える。

　例 ・大きなボールはふろしきを使って2人で運ぶ。

　　　・机の上にあるものは，床に置いてはいけない。

③引っ越し作業についての話し合いを行う。

　・話し合いのねらい（話題を意識して話し合いを進めよう）を確認する。

　・話し合いを始める。教員は子供が話している内容をホワイトボードにまとめていく。

④引っ越しを行う。引っ越し先には，完成した写真を貼っておく。

⑤引っ越しについて，話し合いについて，それぞれ振り返りを行う。

■指導のポイント

◇話し合った内容は，教員がホワイトボードに記録し視覚化する。

◇話し合い，子供の動き，子供同士の声のかけ合いについて，よかったことはST（サブティーチャー）が書き留めておき，⑤の振り返りで評価する。

2人で丁寧に運ぼう！

引っ越しのお家は教室にあるもので作る

| 様式1-1 | | | 記入日 | | 年 | 月 |

| 学年・児童名 | | 記入者 | 在籍学級担任 | |

学習と行動のチェックリスト（小学校1、2学年用）

※評価：できる→A　ほぼできる→B　あまりできない→C　できない→D　未確認→未

【達成度の目安】　A：80%以上　　B：80〜50%　　C：50〜30%　　D：30%以下

区　分		項　　　目	A	B	C	D	未	備　　　考
1 聞く	①	個別に出された口頭の指示を聞いて行動できる。	☐	☐	☐	☐	☐	
	②	一斉の指示を聞いて行動できる。	☐	☐	☐	☐	☐	
	③	聞きまちがいなく、話の内容を覚えることができる。	☐	☐	☐	☐	☐	
2 話す	①	単語の羅列ではなく、文として話をすることができる。	☐	☐	☐	☐	☐	
	②	自分の意思を教師に伝えることができる。	☐	☐	☐	☐	☐	
	③	教師に内容をわかりやすく伝えることができる。	☐	☐	☐	☐	☐	
3 読む	①	既習の文字を読むことができる。	☐	☐	☐	☐	☐	
	②	学年で使用する教科書の一文を流ちょうに読むことができる。	☐	☐	☐	☐	☐	
	③	説明文の内容を読み取ることができる。	☐	☐	☐	☐	☐	
4 書く	①	既習の文字を書くことができる。	☐	☐	☐	☐	☐	
	②	字の形や、大きさを整えて書くことができる。	☐	☐	☐	☐	☐	
	③	決められた時間内で板書を写すことができる。	☐	☐	☐	☐	☐	
5 計算する	①	学年相応に簡単な計算ができる。	☐	☐	☐	☐	☐	
	②	学年相応に簡単な暗算ができる。	☐	☐	☐	☐	☐	
	③	5、10とまとめて数えることができる。	☐	☐	☐	☐	☐	
6 推論	①	学年相応に図形を描くことができる。	☐	☐	☐	☐	☐	
	②	学年相応に量を比較することや、量を表す単位を理解することができる。	☐	☐	☐	☐	☐	
	③	手本や例示を基に考え、必要に応じて修正することができる。	☐	☐	☐	☐	☐	
7 粗大運動 姿勢・運動	①	全身を使った運動ができる。（スキップ、ボール運動等）	☐	☐	☐	☐	☐	
	②	つま先立ちや片足立ちができる。	☐	☐	☐	☐	☐	
	③	スタートの合図で、全力疾走（30m程度）ができる。	☐	☐	☐	☐	☐	
8 微細運動	①	配られたプリント等を角を合わせて半分に折ることができる。	☐	☐	☐	☐	☐	
	②	線に沿って紙をはさみで切ることができる。	☐	☐	☐	☐	☐	
	③	箸を使うことができる。	☐	☐	☐	☐	☐	
9 注意	①	身の回りの整理整頓や物の管理ができる。	☐	☐	☐	☐	☐	
	②	人の話に注意を向けて聞くことができる。	☐	☐	☐	☐	☐	
	③	最後まで集中してやり遂げることができる。	☐	☐	☐	☐	☐	

10. 行動	①	着席し、むやみに手足を動かさず、授業を受けることができる。	☐	☐	☐	☐	☐	
	②	そわそわせず落ち着いて行動することができる。	☐	☐	☐	☐	☐	
	③	話の途中に割り込まず、最後まで人の話を聞くことができる。	☐	☐	☐	☐	☐	
11. 感情のコントロール	①	予定に変更が生じても順応した行動ができる。	☐	☐	☐	☐	☐	
	②	何かに固執しないで行動することができる。	☐	☐	☐	☐	☐	
	③	パニックを起こさず感情をコントロールすることができる。	☐	☐	☐	☐	☐	
12. 社会性 （集団行動）	①	きまりを守った行動ができる。	☐	☐	☐	☐	☐	
	②	みんなと一緒の行動（集団行動）がとれる。	☐	☐	☐	☐	☐	
	③	場所をわきまえた行動がとれる。	☐	☐	☐	☐	☐	
13. 社会性 （コミュニケーション）	①	友達と一緒にトラブルなく遊ぶことができる。	☐	☐	☐	☐	☐	
	②	人に対して親しみをもった発言や行動をすることができる。	☐	☐	☐	☐	☐	
	③	相手に合わせた言葉づかいができる。	☐	☐	☐	☐	☐	

児童の得意な点や興味・関心のある事柄

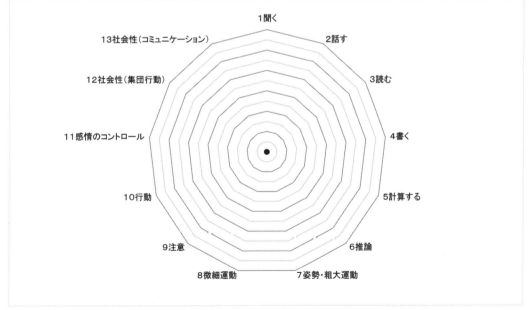

（東京都教育委員会「特別支援教室の運営ガイドライン」より）

記入日　　　　　年　　月

| 学年・児童名 | | 記入者 | 在籍学級担任 | |

学習と行動のチェックリスト（小学校3、4、5、6学年用）

※評価：できる→A　　ほぼできる→B　　あまりできない→C　　できない→D　　未確認→未

【達成度の目安】　A：80％以上　　B：80～50％　　C：50～30％　　D：30％以下

区分		項　目	評　価					備　考
			A	B	C	D	未	
1 聞く	①	個別に出された口頭の指示を聞いて行動できる。	□	□	□	□	□	
	②	一斉の指示を聞いて行動できる。	□	□	□	□	□	
	③	聞きまちがいなく、話の内容を覚えることができる。	□	□	□	□	□	
2 話す	①	単語の羅列ではなく、文として話をすることができる。	□	□	□	□	□	
	②	自分の意思を教師や友達に伝えることができる。	□	□	□	□	□	
	③	経験したことを順序よく話すことができる。	□	□	□	□	□	
3 読む	①	既習の漢字を読むことができる。	□	□	□	□	□	
	②	学年で使用する教科書の一文を流ちょうに読むことができる。	□	□	□	□	□	
	③	説明文や物語文の内容を読み取ることができる。	□	□	□	□	□	
4 書く	①	既習の漢字を形や大きさを整えて書くことができる。	□	□	□	□	□	
	②	決められた時間内で板書を写すことができる。	□	□	□	□	□	
	③	話を聞いてメモにまとめることができる。	□	□	□	□	□	
5 計算する	①	学年相応に簡単な計算ができる。	□	□	□	□	□	
	②	学年相応に簡単な筆算ができる。	□	□	□	□	□	
	③	かけ算九九を使って問題を解くことができる。	□	□	□	□	□	
6 推論	①	学年相応に図形を描くことができる。	□	□	□	□	□	
	②	学年相応に量を比較することや、量を表す単位を理解することができる。	□	□	□	□	□	
	③	目的に沿って行動を計画し、必要に応じて修正することができる。	□	□	□	□	□	
7 粗大運動・姿勢	①	授業中に一定時間姿勢を保つことができる。	□	□	□	□	□	
	②	全身を使った運動ができる。（スキップ、ボール運動、縄跳び等）	□	□	□	□	□	
	③	身体を使った模倣ができる。	□	□	□	□	□	
8 微細運動	①	配られたプリント等を角を合わせて半分に折ることができる。	□	□	□	□	□	
	②	はさみやコンパスを扱うことができる。	□	□	□	□	□	
	③	箸で物をつまむことができる。	□	□	□	□	□	
9 注意	①	身の回りの整理整頓や物の管理ができる。	□	□	□	□	□	
	②	人の話に注意を向けて聞くことができる。	□	□	□	□	□	
	③	最後まで集中してやり遂げることができる。	□	□	□	□	□	

10. 行動	①	着席し、むやみに手足を動かさず、授業を受けることができる。	☐	☐	☐	☐	☐	
	②	そわそわせず落ち着いて行動することができる。	☐	☐	☐	☐	☐	
	③	話の途中に割り込まず、最後まで人の話を聞くことができる。	☐	☐	☐	☐	☐	
11. 感情のコントロール	①	予定に変更が生じても順応した行動ができる。	☐	☐	☐	☐	☐	
	②	何かに固執しないで行動することができる。	☐	☐	☐	☐	☐	
	③	パニックを起こさず感情をコントロールすることができる。	☐	☐	☐	☐	☐	
12. 社会性 （集団行動）	①	きまりを守った行動ができる。	☐	☐	☐	☐	☐	
	②	みんなと一緒の行動（集団行動）がとれる。	☐	☐	☐	☐	☐	
	③	場所をわきまえた行動がとれる。	☐	☐	☐	☐	☐	
13. 社会性 （コミュニケーション）	①	友達と一緒にトラブルなく遊ぶことができる。	☐	☐	☐	☐	☐	
	②	人に対して親しみをもった発言や行動をすることができる。	☐	☐	☐	☐	☐	
	③	相手に合わせた言葉づかいができる。	☐	☐	☐	☐	☐	

児童の得意な点や興味・関心のある事柄

1聞く
2話す
13社会性（コミュニケーション）
3読む
12社会性（集団行動）
4書く
11感情のコントロール
5計算する
10行動
6推論
9注意
7姿勢・粗大運動
8微細運動

（東京都教育委員会「特別支援教室の運営ガイドライン」より）

様式2−1

文字の読み書きチェックリスト

| 対象児童 | | 記入者 | | 記入日 | 令和〇年〇月〇日 |
| 学校名 | 〇〇学校 | 学年・学級 | 〇年〇組 | | |

読み書きに関する項目		チェック	○できない ○課題がある	○できることもある ○少しできる ○ほとんど課題	○時々できる ○まあまあできる ○時々課題になる	○だいたいできる ○普通にできる ○たまに課題にな	○いつでもできる ○よくできる ○全く課題がない	前回の結果	特記事項
読み	文中の語句や行を抜かしたり、繰り返したりしないで読める								
	初めて出てきた語や、普段使わない語などを間違えずに読める								
	勝手読み（「いきました」を「いました」と読む等）をしない								
	拗音（きゃ、きゅ、きょ）や促音（きって等）を正しく読める								
	音読では、年齢相応の速度で読める								
	文書の要点を正しく読み取ることができる								
書き	読みやすい字を書ける（字の形や大きさが整っている）								
	筆順を守って書ける（独特の筆順ではない）								
	拗音（きゃ、きゅ、きょ）や促音（はっぱ等）を正しく書ける								
	漢字の細かい部分の書き間違えがない								
	句読点を正しく打つことができる								
	決まったパターン以外の文章が書ける								
その他	板書事項を正確に書き写すことができる								
	板書事項を時間内に書き写すことができる								

読み・書きに関する児童の様子

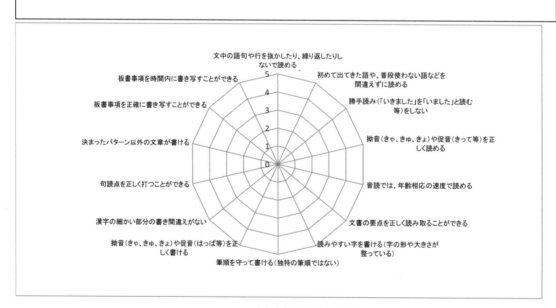

（東京都教育委員会「特別支援教室の運営ガイドライン」より）

134

様式2−2

社会性・行動のチェックリスト

対象児童		記入者		記入日	令和○年○月○日
学校名	○○学校	学年・学級	○年○組		

観察項目等			チェック	観察内容	○できない ○課題がある	○できることもある ○少しできる ○ほとんど課題	○時々できる ○まあまあできる ○時々課題になる	○だいたいできる ○普通にできる ○たまに課題になる	○いつでもできる ○よくできる ○全く課題がない	前回の結果	特記事項
指導者と一対一の場面	対人関係	指示に従う態度		指示に従って行動する等							
		注目		指示した場所・ものに注目する等							
		模倣		簡単な動作の模倣、手遊び等							
		会話の成立		会話が成り立つ、質問等の適切に答える等							
		言葉以外のやり取り		アイコンタクト・表情や態度の意思疎通							
		相手の意図の読み取り		表情の理解や指さし指示だけで着席する等							
		気持ちの理解		相手の気持ちが理解できる等							
		相手との距離		物や人との適切な距離の把握等							
	順番やルールの理解	順番の理解		相手と順番を守ってやり取りできる等							
		ルールの理解		ルールを守ってやりとりできる等							
		順序だてた行動		スケジュールにそって一人で活動する等							
	情緒のコントロール	切り替え		感情の切り替えができる等							
		感情の抑制		自分の感情をコントロールできる等							
		こだわり		こだわりが出てしまう等							
集団の中での行動	対人関係	指示に従う態度（集団）		指示に従って行動する等							
		注目（集団）		指導者の指示に注目する等							
		模倣（集団）		簡単な動作の模倣、手遊び等							
		会話の調整（集団）		声のトーンや言葉の抑揚、間のとり方、声の大きさ等							
		言葉づかい（集団）		正しい語句、丁寧な言葉、慣用句で話す等							
		集団行動の状況		列に並んだり、みんなが何をやろうとしていることも見て活動できる等							
	順番やルールの理解	順番の理解（集団）		集団のルールが分かり、守りながら活動できる等							
		ルールの理解（集団）		集団のルールが分かり、守りながら活動できる等							
		順序立てた行動		集団の流れの中でスケジュール等にそって活動する等							
		話し合い・相談（受容）		話し合い・相談の場面で、人の意見を受け入れることができる等の受容							
		話し合い・相談（表出）		話し合い・相談の場面で、自分の意見を適切に表出できる（表出）							
	情緒のコントロール	切り替え		気持ちの切り替えができる等							
		感情の抑制		自分の感情をコントロールできる等							
		こだわり		こだわりが出てしまう等							

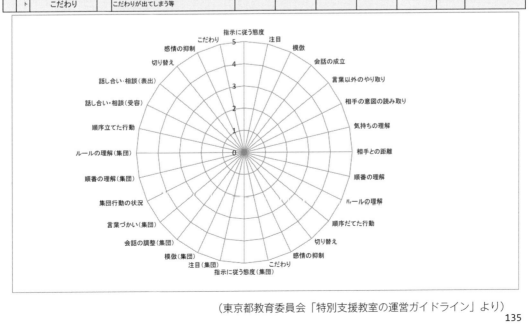

（東京都教育委員会「特別支援教室の運営ガイドライン」より）

発達障害のある子への自立活動一覧表

区分	項目	主に発達障害に関するねらい	主な目標例
1 健康の保持 ※生命を維持し，日常生活を行うために必要な健康状態の維持・改善を身体的側面を中心として図る観点から内容を示してある。	(1)生活のリズムや生活習慣の形成	衣服の調節，室温の調節や換気，感染予防のための清潔の保持など健康な生活環境の形成を図る。	・整髪，衣服の乱れ，身だしなみ ・整理・整頓
	(4)障害の特性の理解と生活環境の調整	自分の障害の特性やそれらが学習上または生活上の困難にどう関連しているかを理解することと，その状況に応じて自分の行動を調整したり，自らの生活環境に働きかけて整える力を身に付ける。	・自ら刺激の調整 ・対人関係に関する技能の習得
	(5)健康状態の維持・改善	障害のため，運動量が少なくなったり，体力が低下したりすることを防ぐために，日常生活における適切な健康の自己管理ができる。	・運動することへの意欲と適度な運動 ・食生活と健康の般化
2 心理的な安定 ※自分の気持ちや情緒をコントロールして変化する状況に適切に対応するとともに，障害による学習上又は生活上の困難を改善・克服する意欲を図る観点から内容を示してある。	(1)情緒の安定	情緒の安定を図ることが困難な幼児児童生徒が，安定した情緒の下で生活できる。	・興奮を鎮める方法（衝動性の抑制） ・様々な感情を伝える手段 ・勝ち負けの経験，失敗の受け入れ ・注意集中・行動調整 ・気持ちの切り替え ・折り合いを付ける
	(2)状況の理解と変化への対応	場所や場面の状況を理解して心理的抵抗を軽減したり，変化する状況を理解して適切に対応したりするなど，行動の仕方を身に付ける。	・状況を理解した適切な行動 ・場に応じた適切な行動の仕方 ・予定の変更への対応，柔軟な対応 ・固執性の切り替え（3と4関連付ける）
	(3)障害による学習上又は生活上の困難を改善・克服する意欲	自分の障害の状態を理解したり，受容したりして，積極的に障害による学習上又は生活上の困難を改善・克服しようとする意欲の向上を図る。	・双方のコミュニケーション体験 ・言語表出に関すること ・コミュニケーション手段の選択と活用 ・読み取り易い代替手段の活用 ・同じ障害のある者同士の自然な関わり
3 人間関係の形成 ※自他の理解を深め，対人関係を円滑にし，集団参加の基盤を培う観点から内容を示してある。	(1)他者とのかかわりの基礎	人に対する基本的な信頼感をもち，他者からの働き掛けを受け止め，それに応じることができる。	・関わり合う素地作り ・本人の気持ちの伝達 ・名前を覚える
	(2)他者の意図や感情の理解	他者の意図や感情を理解し，場に応じた適切な行動をとることができる。	・他者と気持ちの共有 ・感情の認知，感情の表現 ・静かに聴く，注目する
	(3)自己の理解と行動の調整	自分の得意なことや不得意なこと，自分の行動の特徴などを理解し，集団の中で状況に応じた行動ができる。	・自分や他者の気持ちの視覚化 ・自ら適切な行動を選択し調整 ・体験的な活動により得手不得手の理解を促す（刺激量の調整，回避） ・特定の光や音の刺激量の調整，回避
	(4)集団への参加の基礎	集団の雰囲気に合わせたり，集団に参加するための手順やきまりを理解したりして，遊びや集団活動などに積極的に参加できる。	・仲間を知る，関わる，楽しむ，応援，協力，助ける ・役割遂行，所属感を高める ・遊びの共有
4 環境の把握 ※感覚を有効に活用し，空間や時間などの概念を手掛かりとして，周囲の状況を把握したり，環境と自己との関係を理解したりして，的確に判断し行動できるようにする観点から内容を示してある。	(2)感覚や認知の特性についての理解と対応	障害のある児童一人一人の感覚や認知を理解し，その特性を踏まえ，自分に入ってくる情報を適切に処理できる。	・補助及び代行手段の適切な活用 ・感覚の過敏さへの対応 ・視覚，聴覚，触覚などの保有する感覚 ・認知の偏りへの対応
	(3)感覚の補助及び代行手段の活用	保有する感覚を用いて状況を把握しやすくするよう各種の補助機器を活用できるようにしたり，他の感覚や機器での代行が的確にできる。	・自分で苦手な音などを知り，音源を遠ざける。 ・その特定の音が発生する理由や仕組みなどの理解

主な指導内容・方法，配慮事項	特別支援学校学習指導要領解説「自立活動編」の具体的な事例（発達障害の特性）	実践事例
	自閉症…特定の食物，衣服へのこだわり，偏食，同じ服を着続ける ADHD…周囲に気が散りやすい，一つの行動に時間がかかる	1　お天気と相談 2　生活を見直そう 3　がんばりカード＆ごほうび活動
※自ら別の場所に移動，音量の調整や予定の説明の依頼 ※自分の特性に気付き，自分を認め，生活に必要な支援を求める	自閉症…感覚の過敏さやこだわり，大きな音や予定の変更に情調不安定 LD・ADHD…長所，短所，得手不得手の客観的な認識が困難，他者との違いから自己否定	4　私の説明書
	知的障害・自閉症…運動量が少なく肥満，体力低下 二次的な要因で体力低下	5　体幹トレーニングサーキット
※感情を表したカードやメモによる自分の気持ちの伝達 ※落ち着く場所に移動 ※自分に合った集中の仕方 ※自分に合った課題への取り組み方 ※こだわりへの対応	自閉症…他者に自分の気持ちを伝えられずに，自らを叩く，他者に不適切な関わり ADHD…自分の行動を注意され反発し興奮を鎮められない，注意や集中の持続が困難 LD…読み書きできずに自信を失い，感情的になり情緒不安定	6　「果樹園ゲーム」 7　指令すごろく 8　「わかる国語　読み書きのツボ」 9　スイッチ言葉 10　ぼくの，わたしのすきなもの 11　お話ジェンガ 12　頭・身体シャッキリサーキット
※予定されたスケジュールや予想される事態や状況を伝える，事前に体験できる機会の設定，予定表に書いて確かめる ※行動の仕方を短い文章で読む，適切な行動の例示 ※特定の動作や行動をしてよい時間帯や回数の決定	自閉症…日々の日課と異なる学校行事，急な予定変更へ対応出来ずに混乱，不安，周囲の状況に意識を向けることや経験した事を生かし場面に結び付けて対応することが苦手，特定の動作や行動への固執，同じ話の繰り返しにより次の場面への切り替えが困難	13　「キャプテン・リノ」 14　ねことねずみ 15　安全転がしドッジボール 16　星人鬼 17　ぴったんばらばら 18　場面探偵 19　クエスト！
※送り仮名を振る，拡大コピー，コンピュータによる読み上げ，電子書籍の利用等の代替手段 ※口頭記述アプリ，ワープロによるキーボード入力，タブレット端末のフリック入力の使用 ※社会で活躍している先輩の生き方を参考	LD…数字の概念や規則性の理解，計算に時間がかかる，文章題の理解や推論が困難，学習への意欲や関心が低い，学習への意欲を失う，漢字の読みを覚えられない，覚えても忘れてしまう，読書を嫌い語彙が増えない，書くことの困難さ	20　自分に合った漢字学習見つけ 21　タブレットで漢字学習 22　虫食い作文 23　マッキーノ！で言葉ビンゴ 24　トータス 25　9文字ことばづくり 26　文章問題に挑め
※教師との安定した関係形成	自閉症…他者との関わり方が身に付いていない	27　「クッション言葉」でお願い 28　他者紹介ゲーム 29　1・2・3であっち向いてホイ 30　あわせてじゃんけん 31　なかよしクイズ 32　写真あわせ 33　人間ロボットゲーム 34　目隠し鬼
※他者と関わる際の具体的な方法 ※相手の言葉や表情などから，相手の立場や考えていることなどを推測する指導	自閉症…相手の思いや感情の読み取り，それに応じた行動の困難，言葉を字義通りに受け止め，相手の真意の読み取りを間違う	35　みんなの意見でそれ正解 36　気持ちを表す言葉 37　事件は何だ 38　以心伝心 39　伝言カラーコピー 40　ルックダウン・ルックアップ 41　カトチャンペ 42　ニョッキ
※やりとりの繰り返し ※具体物や視覚的な情報，感情を表した絵やシンボルマークの活用 ※自分の行動と出来事の因果関係の図式化，実現可能な目当ての立て方，点検表による振り返り	ADHD…衝動抑制困難，自己状態の分析理解の困難，同じ失敗の繰り返し，目的に添った行動調整が苦手 自閉症…長所や短所への関心薄い，自己理解困難，他者が自分をどのように見ているかの理解の不足，他者の意図や感情の理解が不十分，特定の音や光により混乱，行動調整困難	43　気持ち調べ 44　ソーシャルスキル人生ゲーム 45　相談ボッチャ
※ルールの段階的な指導，ロールプレイ ※手順に沿って動く，指示理解 ※順番交代	ADHD…遊びのルール理解不十分，勝ちたい気持ちによりルールを守れない	46　「虹色のへび」 47　協力しりとり 48　室内おにごっこ 49　室内ドッジボール 50　図面を完成させよう 51　ハイカット・ローカット 52　ONE TO FIVE
※不快である音や感触などを自ら避ける，音が発生する理由や身体接触の意図を知らせる ※注目すべき箇所の色分け，手で触れるなど他の感覚の使用 ※読み取り易い書体，文字間や行間を広げる	自閉症…聴覚の過敏さのため特定の音に，触覚の過敏さのため身体接触や衣服の材質に強く不快感を抱く，刺激が強い，突然で感情が急激に変化，思考が混乱 ADHD…注目すべき箇所が不明，注意持続時間が短い，注目する対象の変動，学習等に支障をきたす LD…文字の判別が困難になり，文節を把握することが困難	53　同じ絵を見つけよう 54　さわって当てよう 55　見る見るクイズ 56　たぬきことば 57　人間カーリング 58　くものす洗濯ばさみ取り 59　リコーダー苦手っ子演奏会 60　カードバトル
※イヤーマフやノイズキャンセルヘッドホン等の音量調節器具の利用 ※自分で対処できる方法を身に付ける。	自閉症…特定の音を嫌がる	61　もっと，おたすけグッズを使おう

区分	項目	主に発達障害に関するねらい	主な目標例
	(4)感覚を総合的に活用した周囲の状況についての把握と状況に応じた行動	いろいろな感覚器官やその補助及び代行手段を総合的に活用して，情報を収集したり，環境の状況を把握したりして，的確な判断や行動ができる。	・様々な感覚を使って多面的に文字を認識し，自らの動きを具体的に想像させる
	(5)認知や行動の手掛かりとなる概念の形成	ものの機能や属性，形，色，音が変化する様子，空間・時間等の概念の形成を図ることによって，それを認知や行動の手掛かりとして活用できるようにする。	・手順表などを活用し，順序や時間，量の概念等を形成 ・順序に従って全体を把握 ・適切に段取り ・基礎的な概念の形成
5 身体の動き ※日常生活や作業に必要な基本動作を習得し，生活の中で適切な身体の動きができるようにする観点から内容を示してある。	(1)姿勢と運動・動作の基本的技能	日常生活に必要な動作の基本となる姿勢保持や上肢・下肢の運動・動作の改善及び習得，関節の拘縮や変形の予防，筋力の維持・強化を図ることなどの基本的技能を身に付ける。	・姿勢や作業の持続性
	(3)日常生活に必要な基本動作	食事，排泄，衣服の着脱，洗面，入浴などの身辺処理及び書字，描画等の学習のための動作などの基本動作を身に付ける。	・目と手の協応した動き ・手先の巧緻性
	(5)作業に必要な動作と円滑な遂行	作業に必要な基本動作を習得し，その巧緻性や持続性の向上を図るとともに，作業を円滑に遂行する能力を高める。	・身体をリラックスさせる運動 ・粗大運動，ボディーイメージを育てる運動 ・微細運動 ・周りに合わせて動く ・目と手の協応 ・他者への注意や視点の共有 ・作業に必要な基本動作の習得
6 コミュニケーション ※場や相手に応じてコミュニケーションを円滑に行うことができるようにする観点から内容を示してある。	(1)コミュニケーションの基礎的能力	児童の障害の種類や程度，興味・関心等に応じて，表情や身振り，各種の機器などを用いて意思のやりとりが行えるようになるなど，コミュニケーションに必要な基礎的な能力を身に付ける。	・非言語のやりとり ・身振りや表情，指示，具体物の提示等非言語的な方法 ・情報の伝達
	(2)言語の受容と表出	話し言葉や各種の文字・記号等を用いて，相手の意図を受け止めたり，自分の考えを伝えたりするなど，言語を受容し表出することができる。	・話す人を見る，話を聞く態度の形成 ・コミュニケーションの基礎，コミュニケーション手段の活用 ・相手の意図を推測する学習 ・周囲の状況や他者の感情に配慮した伝え方 ・体の動きを通して気持ちをコントロールする力 ・人と会話するときのルールやマナーの理解 ・会話中に相手の表情を気にかける ・質問と応答のルール理解
	(3)言語の形成と活用	コミュニケーションを通して，事物や現象，自己の行動等に対応した言語の概念の形成を図り，体系的な言語を身に付けることができる。	・言語理解 ・ICT機器等を活用し，見る力や聞く力を活用し言語概念を形成
	(4)コミュニケーション手段の選択と活用	話し言葉や各種の文字・記号，機器等のコミュニケーション手段を適切に選択・活用し，コミュニケーションが円滑にできる。	・身振り手振りなどによる意思のやりとり ・話し言葉を補うための手段の選択 ・コンピュータの読み上げ機能やマインドマップ等の表現の利用 ・コミュニケーションすることに楽しさと充実感を味わえる学習
	(5)状況に応じたコミュニケーション	場や相手の状況に応じて，主体的なコミュニケーションを展開できるようにする。	・内容をまとめながら聞く能力を高める ・分からないときに聞き返す ・報告，援助，依頼 ・相談することのよさの実感 ・自分のコミュニケーションの傾向の理解

主な指導内容・方法，配慮事項	特別支援学校学習指導要領解説「自立活動編」の具体的な事例（発達障害の特性）	実践事例
※腕を大きく動かして文字の形をなぞる。	LD…視知覚のみによって文字を認識してから書こうとすると，目と手の協応動作が難しく，意図している文字がうまく書けない。	62 背中の暗号 63 ざらざら文字なぞり 64 よく聞くかるた
※指示の内容や作業手順，時間の経過等の視覚化 ※活動の流れや時間を視覚的に捉えられるスケジュールや時計などの提示，時間によって活動時間が区切られていることの理解を促す ※残り時間を確認しながら，活動の一覧表に優先順位をつけたりする	自閉症…「もう少し」「そのくらい」「大丈夫」など，意味内容に幅のある抽象的な表現を理解することが困難，指示の内容を具体的に理解することが困難，興味のある事柄に注意が集中する傾向，活動等の全体像が把握できない ADHDや自閉症…活動に過度に集中，終了時刻に終了できない LD…左右の概念を理解することが困難	65 すまいるクエスト 66 たこちゃんスイカ割り 67 「いないこだ〜れだ！」 68 タイムアタック 69 何からやるか？
※姿勢を整えやすいような机や椅子の使用 ※姿勢保持のチェックポイントの確かめ	ADHD…身体を常に動かしている傾向。自分でも気付かない間に座位や立位が大きく崩れ，活動を継続できない。	70 ぐるぐるチャレンジ 71 ぞうきんウォーク 72 リズムでダンス体操 73 火山の爆発を止めよう
※書字の代行手段の活用（コンピュータによるキーボード入力等で記録することや黒板を写真に撮る）	LD…鉛筆の握り方がぎこちなく過度に力が入りすぎる，手や指先を用いる細かい動きのコントロールが苦手，目と手，右手と左手等を協応させながら動かす運動が苦手	74 ビジョンサーキット 75 パズルづくり 76 つまんで洗濯ばさみ 77 コロコロキャッチ
※身の回りの生活動作の習熟 ※動作模倣 ※視線の活用 ※ボール操作	ADHD…目と手の協応動作や体を思った通りに動かすこと等が不得手。身の回りの片付けや整理整頓等が困難，手足を協調させて動かすことや微細な運動をすることに困難 自閉症…自分のやり方にこだわり，手足を協調させてスムーズに動かすことが困難。意図を適切に理解することが困難，興味のある一つの情報にのみ注意集中	78 わにわにパニック 79 輪ゴムかけ 80 ビジョントレーニング 81 スクウェアタグ 82 なわとびバリエーション 83 キノコタッチ 84 落とし穴宝取り 85 もっと，忍者修行
	自閉症…興味のある物を手にしたいという欲求が強い，勝手に他者の物を使ったり，他者が使っている物を無理に手に入れようとしたりする	86 しっぽとり鬼
※絵や写真など視覚的な手掛かりを活用し話を聞く ※メモ帳やタブレット型端末等を活用して自分の話したいことを相手に伝える ※小集団活動で，相手の話を受けてやりとりをする経験，ゲームなどを通して適切な言葉を繰り返し使用する	自閉症…他者の意図を理解したり，自分の考えを相手に正しく伝えたりすることが難しい。 ADHD…思ったことをそのまま口にして相手を不快にさせるような表現を繰り返す。行動調整，振り返ったりすることが困難。相手の気持ちを想像した適切な表現の方法が身に付いていない	87 カルテット 88 嘘を言っているのは誰だ？ 89 絵しりとり 90 色々バスケット 91 ブラックボックス 92 背中のものは？ 93 「すすめコブタくん」 94 もっと，ケーキデコレーション
※実体験，写真や絵と言葉の意味を結び付けて理解	LD…言葉は知っているものの，その意味を十分に理解せず伝わらない，思いや考えを正確に伝える語彙が少ない	95 反対言葉カルタ 96 これなんだ？ 97 チェックポイント連想ゲーム 98 お知らせします！ 99 iPadでmy辞書づくり 100 ワタシワー
※話し言葉を補うために絵カードやメモ，タブレット端末等の機器を使用 ※簡単な絵に吹き出しや簡単なセリフを書き加えたり，コミュニケーションボード上から伝えたい項目を選択したりする等の手段の選択	自閉症…言葉でのコミュニケーションが困難，順を追って説明することが困難，聞き手に分かりやすい表現をすることができない LD…読み書きの困難により，文章の理解や表現に非常に時間がかかる	101 自分の思いを整理しよう 102 はないちもんめ
※相手の立場に合わせた言葉遣いや場に応じた声の大きさ，実際の生活場面で状況に応じたコミュニケーションを学ぶことができるような指導 ※ホワイトボードなどを使用して気持ちや考えを書きながら整理 ※相手に伝えるための話し方の学習 ※安心して自分の気持ちを言葉で表現する経験を重ねる	LD…話の内容を記憶して前後関係を比較したり類推したりすることが困難，会話の受け答えをすることがきない 自閉症…会話の内容や周囲の状況を読みとることが困難，状況にそぐわない受け答えをする，相談することが困難，思考を言葉にして目的に沿って話すこと，他者の視点に立って考えることが苦手，コミュニケーションのすれ違いから話す意欲の低下	103 すごろくづくり 104 パターンブロックの伝達 105 人狼ゲーム 106 1分間スピーチ 107 「たすけ合い体感ゲーム」 108 「バンディド」 109 こまったときどうする？ 110 「ゾンビキッズ」 111 引っ越し大作戦

【執筆者紹介】 ＊五十音順　＊所属は執筆時

青木　健志	東京都江東区立豊洲北小学校
伊藤　圭佑	東京都江東区立亀高小学校
石田　弥恵	東京都立墨東特別支援学校
石田　弥生	茨城県鹿嶋市立中野東小学校
荻原　聖子	東京都足立区立新田小学校
角舘　桃子	東京都豊島区立千早小学校
金子　彩花	東京都町田市立小山田南小学校
亀澤　雅基	東京都江東区立豊洲北小学校
喜多　好一	東京都江東区立豊洲北小学校　統括校長
後藤　清美	東京都世田谷区立船橋小学校
世良　泉	東京都江東区立豊洲北小学校
高橋　智也	東京都江東区立亀高小学校
戸代谷　智哉	東京都江東区立亀高小学校
沼佐　一慶	東京都墨田区立中川小学校
引間　恵美	東京都世田谷区立太子堂小学校
森　由子	東京都江東区立亀高小学校
吉川　美穂	東京都江東区立豊洲北小学校

【編著者紹介】
喜多　好一（きた　よしかず）
東京都江東区立豊洲北小学校　統括校長
全国特別支援学級・通級指導教室設置学校長協会　会長
全日本特別支援教育研究連盟　副理事長

［本文イラスト］みやびなぎさ

特別支援教育サポートBOOKS

通級指導教室　発達障害のある子への
「自立活動」指導アイデア１１１
Part 2

2022年5月初版第1刷刊　ⒸＣ編著者　喜　多　好　一
2024年1月初版第5刷刊　　発行者　藤　原　光　政
　　　　　　　　　　　発行所　明治図書出版株式会社
　　　　　　　　　　　http://www.meijitosho.co.jp
　　　　　　　　（企画）佐藤智恵（校正）武藤亜子
　　　　　　　　〒114-0023　東京都北区滝野川7-46-1
　　　　　　　　振替00160-5-151318　電話03(5907)6703
　　　　　　　　　　　ご注文窓口　電話03(5907)6668
＊検印省略　　　　　　組版所　広　研　印　刷　株　式　会　社

Printed in Japan　　　　　ISBN978-4-18-339620-4
もれなくクーポンがもらえる！読者アンケートはこちらから
→

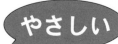